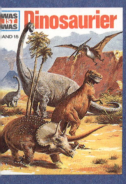   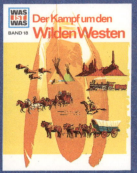 

  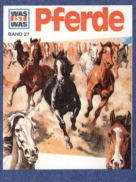  

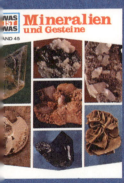   

Weitere Titel siehe letzte Seite.

Anja Zurkelle

Ein  Buch

Der Regenwald

Von Andrea Mertiny

Illustriert von Reiner Zieger
und Gerry Scot

Tessloff Verlag

Vorwort

Die sogenannte „Grüne Hölle" ist in Wirklichkeit ein Paradies für die darin lebenden Tiere und Pflanzen.
Im Laufe einer langen Evolution haben sich unglaubliche Formen des Zusammenlebens von Tieren und Pflanzen entwickelt. Baumsteigerfrösche nützen Mini-Swimmingpools hoch in den Baumwipfeln zur Aufzucht ihrer Nachkommen, Insekten tarnen sich vor Freßfeinden als welkes Blatt, Gleitschlangen und -eidechsen weichen den beschwerlichen Wegen am Boden durch den Luftraum aus, und es gibt Bäume, die gegen eine Art Schutzgeld Ameisen Wohnungen zur Verfügung stellen.

Dies sind nur einige der wenigen Beispiele, die der Wissenschaft bekannt sind. Vieles wird für ewig unbekannt bleiben, da zur Zeit ein Wettlauf zwischen Erforschung und Zerstörung des Regenwaldes stattfindet. Alles was sich im Laufe von Millionen von Jahren entwickelte, wird jetzt innerhalb von Jahrzehnten unwiederbringlich vernichtet. Wie entscheidend der Regenwald als „Grüne Lunge" für unser Klima ist, welche Schätze er als riesige Apotheke und Genreservoir bietet, ist erst in den letzten Jahren erkannt worden. Um so wichtiger ist es, den Regenwald als gemeinsames Erbe aller Menschen zu sichern.

WAS IST WAS, Band 90

Bildquellennachweis: Vorderseite: C. Kaiser/*, Vorwort: l.: W. Möller/*, r.: J. Kobel/*, S. 3: A. Compost/Bios/*, S. 6: A. Bärtschi/WWF/*, S. 8: B. Luther/*, S. 10: R. Gaillarde/Gamma, S. 12: l.: K. Wothe/Silvestris, m.: R. Seitre/Bios/*, r.: M. Fogden/Silvestris/*, S. 15: M. Fogden/Bruce Coleman; S. 16: Pabst/Wilczek/*; S. 17: l.o.: M. Lanini/Panda/*, r.o.: J. Westphalen/*, r.u.: J. Mallwitz/*; S. 19: C. Martin; S. 21: W. Geiersperger/Silvestris; S. 22: Compost/Visage/Bios/*; S. 24: l.u.: H. J. Koch/*, r.o.: R. Seitre/Bios/*; S. 25: l.u.: Rey-Millet/WWF/*, r.u.: J. Kobel/*; S. 30: A. Bärtschi/WWF/*; S. 31: Koy/Westphalen/*; S. 32: l.u.: A. Bärtschi/WWF/*, r.o.: J. Westphalen/*; S. 38: P. Hain/*; S. 39: M. Rautkari/Bios/*; S. 40: l.o.: J. Kobel/*, l.o.: Pabst/Wilczek/*; S. 41: l.u.: Pabst/Wilczek/*, r.o.: P. Hain/*; S. 42: S. Zalewski/WWF/*; S. 43: O. Langrand/WWF/*; S. 44: l. und r.: U. Heuer/*, r.o.: P. Dugan/WWF/*; S. 45: H. Rappl/*; S. 46: Pabst/Wilczek/*; S. 47: M. Gunther/Bios; S. 48: R. I. Lloyd/WWF/*.

* WWF-Bildarchiv

Copyright © 1991 Tessloff Verlag, Nürnberg
Die Verbreitung dieses Buches oder von Teilen daraus durch Film, Funk oder Fernsehen, des Nachdrucks oder die fotomechanische Wiedergabe sind nur mit Genehmigung des Tessloff Verlages gestattet.

ISBN 3-7886-0632-0

Inhalt

Der tropische Regenwald

Was ist tropischer Regenwald?	5
Wodurch entsteht tropischer Regenwald?	7
Wie alt sind die tropischen Regenwälder?	8
Welche Formen des tropischen Regenwaldes gibt es?	9
Wie ist der tropische Regenwald aufgebaut?	9
Was lebt im Erdgeschoß?	11
In welchem Stockwerk ist am meisten los?	12
Was unterscheidet den Regenwald von den Wäldern Mitteleuropas?	13
Warum gibt es so viele Arten im tropischen Regenwald?	13
Wie fruchtbar ist der Regenwald?	15

Eines der vielen faszinierenden Lebewesen des tropischen Regenwaldes ist dieses zur Landung ansetzende Flughörnchen aus Südostasien.

Pflanzen des Regenwaldes

Wie kämpfen die Pflanzen ums Licht?	16
Warum wachsen Pflanzen auf Bäumen?	16
Welchen Trick kennt die Würgefeige?	18
Wie sieht ein typischer Regenwaldbaum aus?	19
Warum sind die Bäume unten so breit?	19
Wie ernährt sich ein Regenwaldbaum?	20
Wie alt wird ein Regenwaldbaum?	21
Wie sehen die Blätter im tropischen Regenwald aus?	21
Wie werden die Blüten befruchtet?	22
Wie verbreiten die Pflanzen ihre Samen?	23

Tiere des Regenwaldes

Wie ernähren sich die Tiere im Regenwald?	25
Wie haben sich die Tiere dem Leben im Regenwald angepaßt?	28
Warum bieten manche Bäume Ameisen Wohnungen?	30
Warum können im Regenwald Frösche auf Bäumen leben?	30
Wie schaffen es die Tiere, im Regenwald nicht aufzufallen?	31
Warum aber sind manche Tiere so auffällig bunt?	32
Wie finden sich Männchen und Weibchen im Dämmerlicht?	32

Die Regenwälder der Welt

Was lebt in den Regenwäldern Madagaskars?	33
Was lebt in den Regenwäldern Afrikas?	35
Was lebt in den Regenwäldern Südamerikas?	36
Was lebt in den Regenwäldern Asiens?	36
Was lebt im tropischen Regenwald Australiens?	37

Der Mensch und der Regenwald

Wie leben die Ureinwohner im tropischen Regenwald?	38
Wer zerstört den tropischen Regenwald?	39

Nutzen und Zerstörung des tropischen Regenwaldes

Warum wird der Regenwald als „Apotheke" bezeichnet?	43
Warum nennt man den Regenwald „genetische Bibliothek"?	43
Wie beeinflußt der Regenwald das Klima?	44
Was ist der „Treibhauseffekt"?	45
Kann man zerstörten Regenwald wieder neu schaffen?	46
Kann der Mensch den tropischen Regenwald nutzen?	46
Wie können wir den tropischen Regenwald retten?	47

Regenwald im Amazonasgebiet:
1 Vieraugenbeutelratte, 2 Roter Brüllaffe, 3 Kapuzineraffe, 4 Nachtaffe, 5 Klammeraffe, 6 Totenkopfäffchen, 7 Dreizehenfaultier, 8 Tamandua, 9 Capybara, 10 Waldhund, 11 Nasenbär, 12 Jaguar, 13 Tapir, 14 Pekari, 15 Roter Sichler, 16 Harpyie, 17 Hokko, 18 Trompetervogel, 19 Amazone, 20 Ararauna, 21 Kolibris, 22 Tukan, 23 Kaiman, 24 Abgottschlange, 25 Ameisennest, 26 Grüner Leguan.

Der tropische Regenwald

Was ist tropischer Regenwald?

Wenn man das Wort „Regenwald" hört, denkt man meist an einen undurchdringlichen Urwald mit so dichtem Bodenbewuchs, daß man eine Machete braucht, um sich einen Pfad zu schlagen. Aber dies Bild bietet sich nur an den Rändern von Rodungen oder Flüssen, wo Licht bis auf den Boden fällt. Geht man durch diesen dichten, grünen Vorhang in den Regenwald hinein, hat man einen ganz anderen Eindruck. Dämmerlicht umfängt einen, es ist warm, feucht und windstill. Kaum ein

Ein Schwarm Dunkelroter Aras schaukelt an einer Liane. Nur an Einschnitten bildet der Wald eine undurchdringliche, grüne Mauer.

Laut ist zu hören, kein Tier oder wenigstens eine hübsche Blüte ist zu sehen. Es gibt wenig Unterholz. Und das soll die „grüne Hölle" sein, die in so vielen Abenteuerromanen beschrieben wurde? Fast jeder Mensch, der den tropischen Regenwald zum ersten Mal besucht, ist enttäuscht. Aber bei näherem Hinsehen zeigt der Wald sein wahres Gesicht: Der Tropenwald ist einer der faszinierendsten Lebensräume der Erde. Nirgendwo gibt es mehr Tier- und Pflanzenarten, die oft untereinander in sehr komplizierten Wechselbeziehungen stehen oder sogar völlig voneinander abhängig sind.

Betrachtet man eine Weltkarte, auf der der Pflanzenbewuchs eingezeichnet ist, so erkennt man den tropischen Regenwald als ein meist sattgrün eingefärbtes Band rund um den Äquator. Diese Farbe ist nicht zufällig gewählt, sie steht für eine immergrüne Landschaft aus Bäumen. Diese aber bilden nur die Basis einer Lebensgemeinschaft, die aus Pflanzen und Tieren besteht. Sie alle sind eng miteinander verwoben. Der Regenwald ist nicht ein zufällig zusammengewürfelter Haufen von Lebewesen, sondern funktioniert als ein Ganzes. Er entsteht überall dort, wo hohe Temperaturen mit gleichmäßig über das Jahr verteilten, hohen Niederschlägen zusammentreffen. Dies ist in bestimmten Gebieten rund um den Äquator zwischen den Wendekreisen der Fall.

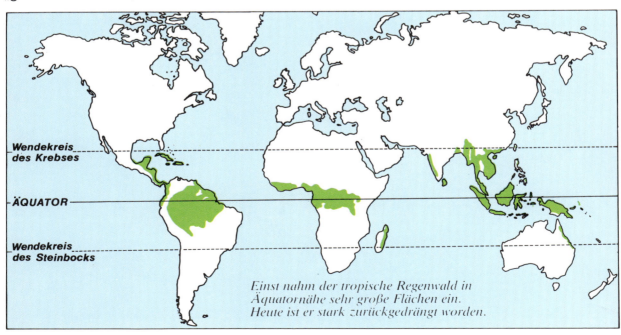

Einst nahm der tropische Regenwald in Äquatornähe sehr große Flächen ein. Heute ist er stark zurückgedrängt worden.

Wodurch entsteht tropischer Regenwald?

In den Tropen steht die Sonne mindestens zweimal im Jahr mittags senkrecht am Himmel, Gegenstände werfen dann keine Schatten mehr. Auch zu allen anderen Zeiten ist die Sonneneinstrahlung hier höher als nördlich oder südlich davon. Die senkrecht auftreffenden Sonnenstrahlen haben viel Kraft, es entsteht große Hitze. Ähnlich wie über der Zentralheizung oder einer Asphaltstraße im Sommer zu beobachten, steigt die erwärmte Luft auf. Dadurch entsteht am Äquator eine Zone niedrigen Luftdrucks. Von den Seiten wehen beständige Winde, die sogenannten Passate, in dieses Gebiet, um die aufgestiegene Luft zu ersetzen. Da sie vom Meer kommen, sind sie mit Feuchtigkeit beladen. Die aufsteigende Luft kühlt sich mit zunehmender Höhe immer mehr ab. Da kalte Luft weniger Wasserdampf halten kann als warme, bilden sich Wolken. Einige davon werden vom Wind fortgetragen und regnen sich über weit entfernten

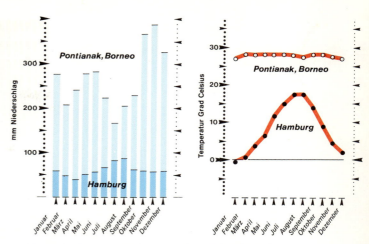

Ein Vergleich zwischen Niederschlag (links) und Temperatur (rechts) Hamburgs und des Ortes Pontianak im Regenwald Borneos.

Gebieten ab. Andere entladen ihre Feuchtigkeit während starker Gewitter wieder über dem Regenwald, meist gegen Mittag. Sie treten in einigen Gebieten so regelmäßig auf, daß sich die Menschen nicht zu einer bestimmten Uhrzeit, sondern „vor" oder „nach dem Gewitter" verabreden.

So entsteht in einem Gürtel rund um den Äquator das warme, feuchte Klima, das der tropische Regenwald für sein Überle-

Über dem Äquator hat die Sonne sehr viel Kraft, die Atmosphäre zu erwärmen. Die dadurch aufsteigenden Luftmassen führen zu ergiebigen Regenfällen. Die Passatwinde wehen auf diese Zonen zu und bringen feuchte Luftmassen als „Nachschub".

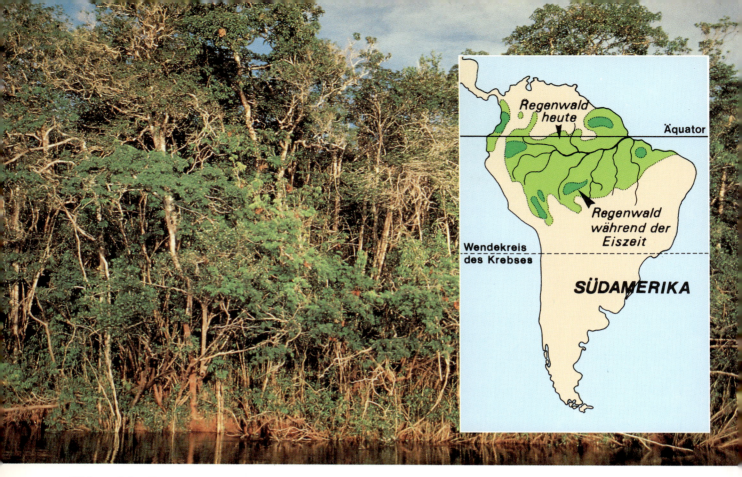

Während der Eiszeiten änderte sich auch in den Regenwaldgebieten das Klima. Die Wälder zogen sich in „Refugien" zurück und breiteten sich erst nach Ende der Kaltzeiten wieder aus.

ben braucht. Er wächst normalerweise überall dort, wo Temperaturen zwischen 20–28 Grad Celsius mit hohen Niederschlägen zusammentreffen. Die betragen 2 bis 4 Meter im Jahr, in einigen Gebieten sogar 10. In Deutschland fällt pro Jahr nur 0,7 bis 1 Meter Niederschlag pro Quadratmeter. Es ist auch nicht gleichgültig, wann dieser Regen fällt. Er muß über das ganze Jahr gleichmäßig verteilt sein. Als Minimum gilt: während mindestens 9 Monaten im Jahr je 10 Zentimeter. So herrscht im Regenwald ein recht gleichförmiges Wetter, ohne extreme Hitze oder Kälte. Selbst in Deutschland kann es im Hochsommer tagsüber heißer werden als dort.

Es gibt im Regenwald keine Jahreszeiten. Die Luftfeuchtigkeit ist stets hoch, aber für den Menschen meist nicht so unangenehm wie die häufigen Regenfälle.

Wie alt sind die tropischen Regenwälder?

Seit über 60 Millionen Jahren gibt es auf der Erde Regenwälder, wenn auch nicht ausschließlich dort, wo sie sich jetzt befinden. Sie hatten nicht immer dieselbe Ausdehnung. Während der Eiszeiten änderte sich auch in den Tropen das Klima. Es wurde trockener und kälter, die Regenwälder schrumpften zusammen. An ihre Stelle traten an größere Trockenheit angepaßte Wälder oder grasbedeckte Ebenen mit einzelnen Bäumen oder Büschen, wie die heutigen Savannen. In vielen Gebieten aber blieben die Regenwälder mit ihrem großen Reichtum an Tieren und Pflanzen erhalten. Von diesen aus begann sich der Regenwald seit dem Ende der Eiszeiten vor 10 000 bis 12 000 Jahren erneut auszudehnen. Am Ende dieser Ausdehnungszeit umspannte er die Erde wie ein etwa 1000 Kilometer breiter grüner Gürtel, der nur durch die Meere unterbrochen wurde. Er lag rund um den Äquator bis etwa 10 Grad nördlicher und südlicher Breite und bedeckte rund 16 Millionen Quadratkilometer der Erdoberfläche. Seit einigen hundert Jahren (und in der letzten Zeit immer schneller) wird die von Regenwald bedeckte Fläche immer kleiner. Die Ursache ist diesmal nicht eine wiederholte Veränderung des Klimas, wie in den Eiszeiten, sondern allein die zerstörerische Tätigkeit der Menschen. Heute sind nur noch ungefähr 4 bis 8 Millionen Quadratkilometer Regenwald übrig.

Welche Formen des tropischen Regenwaldes gibt es?

Wissenschaftler unterscheiden mehr als 40 Formen des tropischen Regenwaldes. Sie sind oft nur sehr schwer auseinanderzuhalten. Die drei wichtigsten Formen sind:

Tieflandregenwälder: Dies ist die Form des Regenwaldes, die als „typisch" angesehen wird. Die Temperaturen liegen zwischen 25 und 27 Grad Celsius, die Niederschläge erreichen mindestens 1,8 Meter pro Jahr. Meist fallen sie während schwerer Gewitter am Nachmittag. Die Luftfeuchtigkeit ist hoch (um 80 Prozent). Da diese Form des Regenwaldes die größte Verbreitung hat, beziehen sich die meisten in diesem Buch gemachten Aussagen auf immergrüne Tieflandregenwälder.
Man unterscheidet völlig unberührten Primärwald und Sekundärwälder, die auf ehemaligen Rodungsflächen wachsen. Sie brauchen Hunderte von Jahren, bis sie in der Vielfalt der Arten und der Struktur dem Primärwald wieder ähneln.

Gebirgsregenwälder: Sie kommen in 1800 bis 3500 Meter Höhe in tropischen Gebirgen vor. Auch hier herrscht eine hohe Luftfeuchtigkeit mit sehr viel Nebel. Es ist tagsüber warm, aber nachts kann die Temperatur bis auf den Gefrierpunkt fallen.

Halbimmergrüne Regenwälder: Sie liegen in nördlicher und südlicher Richtung weg vom Äquator, wo sich die Jahreszeiten wieder stärker ausprägen. So kommt es hier zu einer kurzen Trockenzeit, in der einige Bäume einen Teil ihrer Blätter abwerfen, nur das Unterholz und die Bodenpflanzen bleiben immer grün.

Der Regenwald ist in Etagen gegliedert: Erdgeschoß, ein helles Obergeschoß und die Kronen der Überständer als Dachgeschoß.

Wie ist der tropische Regenwald aufgebaut?

Man kann sich den tropischen Regenwald wie ein Haus mit mehreren Stockwerken vorstellen. Im Wald ist das alles natürlich nicht ganz so schematisch, manche Etagen gehen auch einmal ineinander über, aber das Prinzip ist immer dasselbe: Riesige Bäume, sogenannte „Überständer", die höher sind als alle anderen, bilden das Dachgeschoß. Ihre Kronen ragen wie Inseln aus dem grünen Blättermeer der unteren Etagen. Sie erreichen eine Höhe

Die Erforschung des Kronendachs ist schwierig. Dieser Zeppelin setzt ein leichtes Netz aus Plastikschläuchen ab. Es wird als Forschungsplattform dienen.

von bis zu 60 Metern. Ihre mächtigen Stämme können am Boden einen Durchmesser von 5 Metern haben.

Die erste Etage wird durch das gleichmäßige, fast völlig geschlossene Blätterdach der „normalen" Bäume gebildet. Sie liegt in 15 bis 45 Meter Höhe über dem Erdboden. Das Blätterdach ist so undurchlässig, daß man darunter selbst starken Regen erst nach einigen Minuten bemerkt, weil die Wassertropfen diesen dichten grünen Teppich zunächst nicht durchdringen können. Das Blätterdach selbst ist lichtdurchflutet, läßt aber wenig Sonnenlicht nach unten durch. Temperatur, Windgeschwindigkeit und Luftfeuchtigkeit wechseln hier viel stärker als im „Erdgeschoß" darunter.

In diesem Obergeschoß leben zwei Drittel aller Tier- und Pflanzenarten des tropischen Regenwaldes. Es ist daher besonders interessant. Es ist aber nicht einfach, in dieser Höhe Forschung zu betreiben! Erst in den letzten Jahren haben Wissenschaftler die Wipfelregion des Regenwaldes erforschen können. Sie bauten sich mit Brücken und einer Art von „Spinnennetz" ein Forschungslager in den Baumkronen. Ihre Arbeit steckt noch in den Anfängen, ist aber für das Verständnis des Waldes sehr wichtig.

Im „Erdgeschoß" unter dem Blätterdach ist es windstill und dämmrig, Feuchtigkeit und Temperatur sind praktisch immer gleich. Wie eine grüne Decke schließt das Kronendach die Luftfeuchtigkeit unter sich ein und fängt fast alles Sonnenlicht ab. Nur noch etwa 1 bis 2 Prozent des oben auftreffenden Lichtes erreichen den Waldboden. Dort leben Pflanzen, die sich dem Dämmerlicht angepaßt haben, wie Pilze und Farne, aber auch Blütenpflanzen. Viele Jungbäume warten auf eine Chance, zum

Tiere aus den verschiedensten Gruppen entwickelten in Anpassung an das Leben im Wald eine gedrungene Körperform.

Aguti (S-Amerika) – ein Nagetier

Halsbandpekari (S-Amerika) – ein Schwein

Licht emporzuschießen, sobald eine Lücke im Blätterdach entsteht. Viele dieser schattenliebenden Gewächse sind, da sie recht anspruchslos sind, mittlerweile als Zimmerpflanzen bei uns bekannt, z. B. Usambaraveilchen, viele Begonien und der Philodendron.

Jedes der Stockwerke ist eine Welt für sich, mit einer eigenen Gruppe von Bewohnern. Sie sind jeweils an die Lichtmenge, die Luftfeuchtigkeit und die Nahrung „ihres" Stockwerks angepaßt. Selten verlassen sie ihre Etage, um in höhere oder tiefere Ebenen vorzudringen.

Für Treiberameisen ist keine Beute zu groß oder zu gefährlich. Hier stürzen sie sich auf eine giftige und wehrhafte Vogelspinne.

Was lebt im Erdgeschoß?

Aufgrund des fast völlig fehlenden Sonnenlichts können auf dem Boden des tropischen Regenwaldes nur wenige Pflanzen existieren. Es gibt auch kein Gras. Daher ist die Nahrung für pflanzenfressende Tiere hier knapp. Sie müssen weit verstreut leben, und man bekommt sie selten zu Gesicht. Manche Arten, wie das Okapi, rupfen Laub von niedrigen Bäumen, andere, wie der Waldelefant, suchen Lichtungen auf, um an ausreichend Futter zu gelangen. Wieder andere, wie das Zwergflußpferd und die Capybaras, leben in Flüssen, in denen ausreichend Wasserpflanzen als Nahrung zur Verfügung stehen. Raubtiere, wie Leopard und Jaguar, die sich von den Pflanzenfressern ernähren, sind ebenfalls selten, weil ihnen ja nur wenig Beute zur Verfügung steht.

Viele Säugetiere, wie Duckerantilopen und Moschusböckchen, sind recht klein. Sie werden von dem Wenigen dadurch schneller satt und können mit dem, was sie finden, besser auskommen. Nur wirbellose Tiere, besonders Insekten, bevölkern den Boden in Massen. Am wichtigsten sind hier Termiten. Diese ameisenähnlichen Tiere können Holz verdauen, was sehr selten ist. Durch ihre Tätigkeit werden tote Stämme und Äste schnell zersetzt. Die in ihnen enthaltenen Nährstoffe stehen anderen Pflanzen somit wieder zur Verfügung.

Gefürchtet sind die Millionenheere der Treiberameisen. Sie ziehen in endlos wirkenden Bändern durch den Wald und ver-

Schabrackentapir (SO-Asien)
– ein Unpaarhufer

Zebraducker (Afrika)
– eine Antilope

Fleckenkantschil (Asien)
– ein Zwerghirsch

Anoa (SO-Asien)
– ein Rind

Im Obergeschoß findet man die meisten Lebewesen, wie z. B. Klammeraffen mit Greifschwanz (links), *nektarsuchende Kolibris* (Mitte) *und behäbige Faultiere* (rechts).

tilgen alles, was ihnen in den Weg gerät. Ihre normale Beute sind Spinnen, Tausendfüßer und Insekten, sie fressen aber auch kleine Säugetiere und Reptilien bei lebendigem Leib auf. Beim Auftauchen von Treiberameisen hilft daher immer nur schnelle Flucht.

Andere zu fürchtende Bodenbewohner sind nicht Giftschlangen, sondern Blutegel, die in großen Mengen auftreten. Im feuchtwarmen Klima des Regenwaldbodens können sie, normalerweise Wasserbewohner, gut an Land leben.

Die meisten Lebewesen im Regenwald kommen im Kronendach der Bäume vor. Hier bieten Blüten, Früchte und Blätter Nahrung im Überfluß. Tiere, die sie erreichen wollen, müssen allerdings gut klettern oder fliegen können. Auch hier in luftiger Höhe benutzen Tiere immer dieselben Pfade. Da sie häufig begangen werden, sind sie wenig bewachsen. Als die Regenwälder Südamerikas noch völlig unzerstört waren, war es einem Affen theoretisch möglich, auf derartigen Pfaden von Kolumbien bis Argentinien zu wandern, ohne auch nur ein einziges Mal den Boden zu berühren.

Die auffälligsten Säugetiere im Blätterdach sind die geschickt hangelnden Affen, die oft zudem noch eine zusätzliche „Hand" in Form eines Greifschwanzes besitzen. Trotz aller Geschicklichkeit stürzen aber auch sie manchmal ab, weil sie sich an einem morschen Ast festgehalten haben oder weil eine Windbö sie aus ihrer Bahn wirft. Bei solchen Stürzen ziehen sich Affen oft Arm- und Beinbrüche zu, die allerdings glücklicherweise meist schnell verheilen und das Tier nicht lange behindern.

Weniger flink, sogar sprichwörtlich langsam, ist das Faultier. Meist hängt es mit seinen starken Krallen fast völlig bewegungslos an einem Ast. Oft ist sein Fell mit Algen bewachsen, wodurch es eine grünlich-bräunliche Tarnfarbe annimmt. So ist es für seinen Hauptfeind, die große Harpyie, nur schwer zu erkennen. Faultiere sind harmlose Pflanzenfresser, die im Notfall mit ihren Krallen allerdings auch kraftvoll zuschlagen können. Da sie hängend leben, scheitelt sich ihr Fell auf dem Bauch, nicht wie normal auf dem Rücken. So kann das Regenwasser besser von dem Tier ablaufen.

Natürlich gibt es im Blätterdach auch eine Menge Vögel aller Größen, die oft sehr bunt gefärbt sind. Sie ernähren sich von

In welchem Stockwerk ist am meisten los?

Früchten und Samen, wie die Aras, Hornvögel und Tukane oder von Nektar, wie die blütenbestäubenden Loris, Nektarvögel und Kolibris.

Eierfressende Schlangen suchen hier oben nach Vogelnestern, Würge- und Giftschlangen lauern auf Beute. Bunte Frösche klettern durch die Äste. Unbeschreiblich ist die Menge der Insekten. Die meisten von ihnen sind von der Wissenschaft überhaupt noch nicht beschrieben. Es gibt sie in allen Formen und Farben, von Schmetterling und Heuschrecke bis zur Wanze. Sogar typische Bodenbewohner wie Tausendfüßer, Skorpione und Schaben haben das Blätterdach zu ihrer Heimat gemacht. Im Humus, der sich in Astgabeln ansammelt, leben Regenwürmer in luftiger Höhe.

Die Kronen der Überständer stehen isoliert und sind so hoch, daß sie nur von wenigen Tieren erreicht werden können. Sie sind daher nur schwach besiedelt und wenn, dann mit Tieren und Pflanzen aus der ersten Etage.

Der tropische Regenwald ist immergrün.

Was unterscheidet den Regenwald von den Wäldern Mitteleuropas?

Durch die stets gleiche Wärme und Feuchtigkeit können die Pflanzen jederzeit wachsen, blühen und Früchte tragen. Doch nur wenige tun dies unentwegt. Die meisten Arten haben eigene Rhythmen. Manche blühen mehrmals im Jahr, andere Jahrzehnte lang nicht. Einige tragen Früchte und blühen sogar zur gleichen Zeit. Auch Blätter werden abgeworfen, nur nicht alle gleichzeitig oder zumindest nicht zu einer bestimmten Jahreszeit. Unsere Laubwälder dagegen unterliegen den Jahreszeiten und werfen ihre Blätter im Herbst ab. Auch ruht das Wachstum der Pflanzen im Winter, um im Frühjahr wieder zu beginnen.

Auf wenigen Quadratkilometern des Regenwaldes wachsen oft mehr Pflanzenarten als in ganz Europa. Während bei uns aber oft eine Art vorherrscht (z. B. in einem Buchenwald die Rotbuchen), wachsen im tropischen Regenwald Tausende von Pflanzenarten nebeneinander. Pflanzen einer bestimmten Art können aber kilometerweit voneinander entfernt stehen.

Ähnliches gilt für die Tiere des Regenwaldes. Ginge man mit einem Schmetterlingsnetz in den Wald, so würde man nach kurzer Zeit viele Insekten verschiedener Arten gefangen haben, von denen sicher einige der Wissenschaft völlig unbekannt wären. Aber man würde sehr lange brauchen, um einige Tiere ein und derselben Art zu fangen, da diese meist weit verstreut leben.

Der tropische Regenwald wirkt wie eine stille, dämmrige Kirche, in der die hellen Stämme der riesigen Bäume die Säulen sind. Sie verschwinden hoch oben im Grün des Blätterdachs, als ob sie es stützen. Der Boden ist spärlich bewachsen, es gibt wenig Unterholz.

Man schätzt, daß bis zu 50 bis 90 Prozent der Tier- und Pflanzenarten der Erde nur im tropischen Regenwald vorkommen. In den allermeisten Fällen sind sie bis heute nicht erforscht, meist noch nicht einmal entdeckt. Ein typisches Regen-

Warum gibt es so viele Arten im tropischen Regenwald?

Nur um von einem auf den anderen Baum zu kommen oder Kot und Harn abzugeben, steigt ein Faultier auf den Waldboden hinab. Hier ist es sehr unbeholfen. Auf dem Bauch liegend zieht es sich mühsam vorwärts.

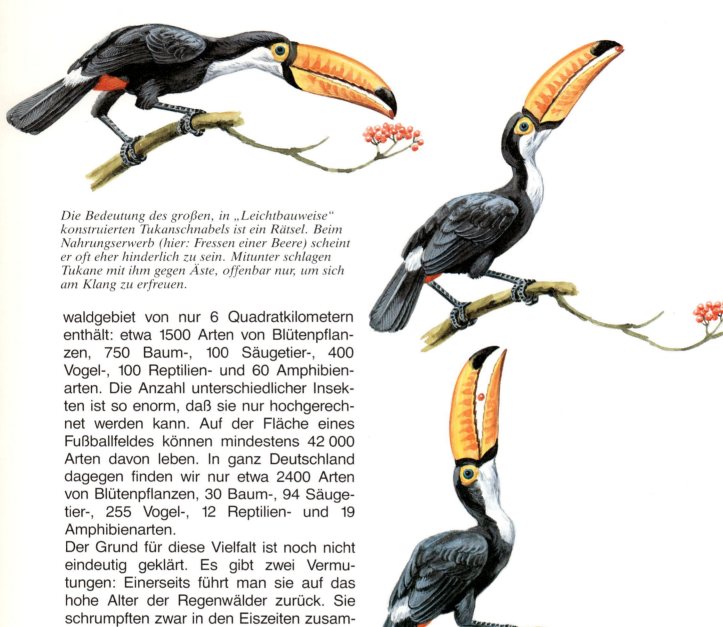

Die Bedeutung des großen, in „Leichtbauweise" konstruierten Tukanschnabels ist ein Rätsel. Beim Nahrungserwerb (hier: Fressen einer Beere) scheint er oft eher hinderlich zu sein. Mitunter schlagen Tukane mit ihm gegen Äste, offenbar nur, um sich am Klang zu erfreuen.

waldgebiet von nur 6 Quadratkilometern enthält: etwa 1500 Arten von Blütenpflanzen, 750 Baum-, 100 Säugetier-, 400 Vogel-, 100 Reptilien- und 60 Amphibienarten. Die Anzahl unterschiedlicher Insekten ist so enorm, daß sie nur hochgerechnet werden kann. Auf der Fläche eines Fußballfeldes können mindestens 42 000 Arten davon leben. In ganz Deutschland dagegen finden wir nur etwa 2400 Arten von Blütenpflanzen, 30 Baum-, 94 Säugetier-, 255 Vogel-, 12 Reptilien- und 19 Amphibienarten.

Der Grund für diese Vielfalt ist noch nicht eindeutig geklärt. Es gibt zwei Vermutungen: Einerseits führt man sie auf das hohe Alter der Regenwälder zurück. Sie schrumpften zwar in den Eiszeiten zusammen und wurden zerteilt. In Rückzugsgebieten aber erhielten sich die meisten Tiere und Pflanzen der bereits seit 60 Millionen Jahren existierenden Urregenwälder, zusätzlich bildeten sich dann durch die Isolation neue Arten.

Andererseits leben in den heutigen Regenwäldern die meisten Tier- und Pflanzenarten in einem sehr kleinen Gebiet und hier oft nur in einer einzigen Etage, die sie nur sehr selten verlassen. Isoliert in kleinen Tälern oder auf Bergen entwickelten sich im Lauf der Jahrtausende immer neue Arten.

Meist kommen sie nur hier und sonst nirgendwo auf der Welt vor, und auch innerhalb ihres Vorkommensgebietes sind sie nicht häufig. Im Extremfall kann eine Art nur ein Gebiet von wenigen hundert Metern bewohnen. So können auch kleine Zerstörungen des Regenwaldes für die betroffenen Arten zur Katastrophe werden.

Wie fruchtbar ist der Regenwald?

Frühe Forschungsreisende, wie Alexander Freiherr von Humboldt (1769–1859), sprachen vom tropischen Regenwald als einer unbeschreiblich fruchtbaren, überquellenden Lebensgemeinschaft, eine Vorstellung, die sich in vielen Köpfen bis heute gehalten hat. Leider beruht diese Einschätzung auf einem Irrtum. Sie ließen sich nur vom üppigen Wachstum beeindrucken, machten aber keine Untersuchungen, um ihre Ansicht zu überprüfen.

Die dunkle, würzig riechende, fruchtbare oberste Bodenschicht (Humusschicht) aus toten Pflanzenteilen, wie man sie bei uns findet, sucht man im tropischen Regenwald vergeblich. Humus bildet sich nur, wenn Kleinstlebewesen, die tote Tier- und Pflanzenteile zersetzen, bei niedrigen Temperaturen ihre Tätigkeit einstellen. Das im Sommer gebildete Laub, abgefallene Blüten und Zweige, kann im Herbst und Winter gar nicht oder nicht vollständig abgebaut werden. Es sammelt sich mitsamt den darin enthaltenen Nährstoffen an. Diese Schicht aus nicht völlig zersetzten Tier- und Pflanzenteilen ist Humus. Er ist die fruchtbarste Schicht eines Bodens.

Ganz anders im Regenwald: Alles Material wird bei der hohen Temperatur und der ständigen Feuchtigkeit unter der kräftigen Mithilfe von Bakterien und Pilzen, sobald es abstirbt, zersetzt. Die in ihm gebundenen Nährstoffe werden also schnell wieder frei und von den Pflanzen sofort wieder verwendet. Unter einer dünnen Schicht aus herabgefallenen Blättern, Ästen, Stämmen und toten Tieren findet man unfruchtbaren, reinen Sand oder Lehm. Die in unseren Breiten wie eine Nährstoff-Spardose wirkende Humusschicht ist in den meisten Regenwaldgebieten so dünn, daß man sie mit dem Fuß beiseite scharren kann. Der Regenwald „lebt von der Hand in den Mund". Die Nährstoffe sind nicht im Humus, sondern in den Pflanzen selbst gespeichert.

Regenwaldbäume (rechts) haben keine tiefreichenden Wurzeln wie die meisten mitteleuropäischen Bäume (links).

Winzige Pilze helfen bei der Zersetzung toter Materie. Beachte die Blattadern!

Pflanzen des Regenwaldes

Wie kämpfen die Pflanzen ums Licht?

Im feucht-warmen Klima des tropischen Regenwaldes gedeihen die Pflanzen üppig wie in einem Treibhaus. Nährstoffe und Wasser stehen ihnen in stets ausreichender Menge zur Verfügung. Nirgendwo auf der Erde wachsen Pflanzen mit einer solchen Geschwindigkeit wie hier. Der einzige Faktor, der den Zuwachs begrenzt, ist Licht. Das dichte Blätterdach fängt fast alles ab. Nur 1 bis 2 Prozent des Lichts gelangt bis zum Boden!

Sehr wenige Pflanzen, wie z. B. Begonien und Farne, können auf dem lichtarmen Waldboden dauernd leben. Viele Jungpflanzen warten mit wenigen Blättern als Überlebenshilfe jahrelang auf eine Chance, emporzuschießen. Erst wenn einer der alten Bäume z. B. in einem Gewittersturm fällt und eine Schneise reißt, in der Licht dann bis zum Boden gelangen kann, wachsen sie in die Höhe. Es kommt zu einem regelrechten Wettlauf, bei dem der Baum gewinnt, der als erster seine Krone so hoch ausbreiten kann, daß sie wieder die anderen kleineren Pflanzen beschattet.

Natürlich fällt nicht jeden Tag einer der Urwaldriesen um, so daß viele Jungpflanzen vergebens auf ihre Chance warten. Daher haben mehrere Pflanzenfamilien andere Methoden entwickelt, um den Kampf um das Licht zu gewinnen.

Warum wachsen Pflanzen auf Bäumen?

Die Pflanzen wachsen im Regenwald nicht „ordentlich" nebeneinander, sondern oft in einem scheinbaren Durcheinander. Die Äste benachbarter Bäume durchdringen sich, Pflanzen wachsen von oben nach unten und sogar aufeinander. Ein einzelner Regenwaldbaum kann Hunderte anderer Pflanzen tragen. Unter ihnen befinden sich Schmarotzer, die ihre Wurzeln in den Wirtsbaum hineintreiben und so von ihm zehren.

Häufiger aber sind harmlose Aufsitzer oder Luftpflanzen. Sie sparen Energie, indem sie keinen eigenen Stamm aufbauen, sondern sich von anderen Pflanzen, meist Bäumen, tragen lassen. Es sind Farne, Moose, Orchideen, Bromelien (Ananasgewächse) und viele andere mehr. Sie schaden ihrem Wirt nicht, da sie ihm keine Nährstoffe entziehen. Es kommt aber vor, daß ein Baum unter ihrem enormen, oft mehrere Tonnen betragenden Gewicht einfach zusammenbricht.

Luftpflanzen sitzen auf einem winzigen Klumpen Mulm in einer Astgabel oder hängen von den Ästen herab. Oft bringen sie prachtvolle Blüten hervor, wie die meisten Orchideen. Sie besitzen keine Wurzeln, Feuchtigkeit und Nährstoffe holen sie sich direkt aus der Luft. Ihre Umgebung ist

Regenwaldbäume tragen eine Vielzahl kleinerer Pflanzen auf ihren Ästen und Stämmen. Ihr Gewicht kann Tonnen betragen!

Viele unscheinbare Aufsitzerpflanzen haben prachtvolle Blüten, wie diese beiden tropischen Orchideenarten.

nährstoffarm und ziemlich trocken, daher wachsen sie sehr langsam und blühen selten. Manche, wie viele südamerikanischen Bromelien, speichern Wasser. Sie bilden aus kreisförmig eng zusammengelegten Blättern einen Trichter, der bis zu 10 Liter Wasser fassen kann. Hierein fallen Pflanzenreste, Vogelkot, Insekten und Pollen. So bildet sich eine Nährstofflösung, ähnlich wie bei Hydrokulturen, von der die Bromelie gut leben kann. Es kommt sogar vor, daß der Wirtsbaum kleine Wurzeln in diesen Trichter wachsen läßt und so von „seinem" Aufsitzer profitiert.

Wassergefüllte Bromelientrichter bieten vielen vorbeikommenden Affen und Vögeln Trinkwasser in luftiger Höhe. Wie „Mini-Aquarien" beherbergen sie Algen, Kleinstlebewesen, die Larven von Libellen, Mücken und vielen anderen Arten. Sogar Frösche legen ihre Eier in derartige Wasserspeicher. Manche Aufsitzerpflanzen sammeln auf sie herabrieselndes totes Pflanzenmaterial und halten es mit ihren Wurzeln oder in speziellen Taschen fest. Andere bieten in ihren Wurzeln Ameisen Unterschlupf. Als Ausgleich für diese bequeme und geschützte Wohnung profitiert der Aufsitzer von den Pflanzen- und Tierresten, die die fleißigen Insekten in ihr Nest tragen, indem sie ihnen Nährstoffe entzieht. Es gibt sogar Aufsitzer, die buchstäblich von Luft leben können, wie die Tillandsien. Feine Härchen auf den Blättern fangen Nährstoffe aus Staubteilchen und Regentropfen ein.

Das Leben in luftiger Höhe bringt zwar Nährstoffarmut mit sich, hat aber den Vorteil, daß Luftpflanzen den Kampf ums Licht nicht vom Waldboden aus beginnen müssen. Sie haben schon beim Auskeimen einen „Platz an der Sonne" erobert und brauchen sich nicht erst mühsam emporzukämpfen.

Wassergefüllte Bromelientrichter bieten als „Mini-Tümpel" vielen Kleintieren und Larven Lebensraum hoch in den Bäumen.

Welchen Trick kennt die Würgefeige?

Als winziger Same hoch oben im Blätterdach, der meist durch Vogelkot hierher gelangt, beginnt die Würgefeige ihr Leben. Sie keimt aus und wächst zunächst als Aufsitzer, so lange, bis sie kräftig genug ist, um lange Wurzeln zum Waldboden zu schicken. Hier holt sie sich nun Wasser und Nährstoffe und wird schnell dicker und kräftiger. Bald entwickelt die Würgefeige selbst eine mächtige Krone, die die Blätter des Wirtsbaumes beschattet. Ihre Wurzeln umschließen dessen Stamm, und der Wirtsbaum stirbt ab. Die Würgefeige nimmt seinen Platz ein. Ihr „Stamm" besteht aus einem Netzwerk von Wurzeln, die den Hohlraum umschließen, in dem sich einst der Stamm des Wirts befand.

In jedem Tarzanfilm gibt es eine Szene, in der sich der Held mit Hilfe einer seilähnlichen Pflanze, einer Liane, von Baum zu Baum schwingt. Außerhalb eines Filmstudios dürfte das allerdings recht schwierig werden, da Lianen verholzen und dann kaum noch elastisch sind. Sie sind im tropischen Regenwald aber tatsächlich sehr verbreitet. Sie versuchen als „Anhalter" mit einem jungen, schnellwachsenden Baum schnell in das Licht zu kommen oder sich an einem Baum hochzuranken. Lianen können eine Länge von bis zu 400 Metern erreichen und so dick wie der Oberschenkel eines Menschen werden. Sie ranken von Baum zu Baum und bieten hoch über dem Boden Unterschlupf für Vögel, Affen und viele andere Tiere. Von Holzfällern werden Lianen gefürchtet, da sie, wenn ihr Wirtsbaum fällt, zerreißen und wie Peitschen durch die Luft schlagen.

Einige Bäume der Regenwälder wehren sich gegen Aufsitzer und Rankpflanzen, indem sie von Zeit zu Zeit ihre gesamte Rinde abwerfen und mit ihr viele Mitreisende. Andere Baumrinden enthalten Gifte, die manchen Aufsitzer abschrecken.

Die Würgefeige beginnt ihr Leben als Aufsitzer (1). Bald erreichen ihre Wurzeln den Boden (2). Sie umschließt den Wirtsbaum, beschattet und erwürgt ihn (3). Der Wirt stirbt ab, die Feige nimmt seinen Platz ein (4).

Wie sieht ein typischer Regenwaldbaum aus?

Es ist auch für einen guten Pflanzenkenner nicht leicht, eine Art Regenwaldbaum von einer anderen zu unterscheiden. Die hellen, glatten Stämme sehen immer gleich aus. Deutliche Unterschiede in Farbe und Form der meist dünnen Rinde gibt es nicht. Blätter und Blüten eines Baumes befinden sich in unerreichbarer Höhe. Sie können daher bei der Bestimmung auch nicht weiterhelfen. Und wenn man mit einem Fernglas bewaffnet versucht, weit, weit oben eine Blattform zu erkennen, dann muß man sich auch noch sicher sein, daß das anvisierte Blatt überhaupt zu diesem Baum gehört. Viele Aufsitzer- und Würgpflanzen, Lianen und Äste von Nachbarbäumen wuchern kreuz und quer, so daß es sehr schwierig ist, ein Blatt oder eine Blüte einer bestimmten Pflanze zuzuordnen. Meist können nur Einheimische mit sehr viel Erfahrung einen nicht gefällten Regenwaldbaum sicher bestimmen. Dabei müssen sie alle ihre Sinne zu Hilfe nehmen: Wie sieht die Rinde aus, wie fühlt sie sich an? Riecht oder schmeckt sie nach etwas? Sondert der Baum Saft ab, wenn man ihn anritzt?

Warum sind die Bäume unten so breit?

Ein sehr auffälliges Merkmal der meisten Regenwaldbäume sind breite, flache, flügelartige Verbreiterungen des Stamms kurz über dem Boden. Man nennt diese Bildungen *Brettwurzeln.* Sie werden bis zu 10 Meter hoch und sehr breit. Früher haben sie die Holzfällerarbeiten im Tropenwald sehr behindert. Man mußte oberhalb der Brettwurzeln eine Plattform um den Baum bauen und konnte den Stamm erst hier durchsägen. Heute werden sie einfach mit der Kettensäge durchschnitten.

Brettwurzeln stützen den Baum und vertei-

Mächtige Brettwurzeln stützen die schweren Stämme der Regenwaldbäume, die keine tiefgehenden Verankerungswurzeln haben. Die etwa 10 m den Stamm hinaufreichenden Brettwurzeln dieses afrikanischen Kapokbaumes verschaffen ihm eine stabile, große Standfläche. Mit ihnen könnte er zur Not auch auf nacktem Fels stehen.

len sein enormes Gewicht auf eine größere Fläche. Auch *Stützwurzeln,* die vom Hauptstamm nach unten wachsen und sich im Boden verankern, scheinen denselben Zweck zu erfüllen. Regenwaldbäume haben keine tief ins Erdreich hinabgehenden Wurzeln, wie z. B. unsere Eichen. Sie wurzeln flach unter der Oberfläche, weil hier ja am meisten Nährstoffe zu finden sind. Diese Oberflächenwurzeln können die bis zu 60 Meter hohen Stämme, die aus sehr schwerem Holz bestehen, in Stürmen nur schlecht aufrecht halten. Diese Aufgabe übernehmen die Brettwurzeln.

Wie ernährt sich ein Regenwaldbaum?

Nährstoffe sind im Regenwald Mangelware. Fast alle sind in den Lebewesen gebunden. Humus, aus dem der Baum seine Nahrung ziehen könnte, ist fast nicht vorhanden. Alles, was auf den Boden gelangt und vermodert, muß optimal ausgenutzt werden. Daher bilden die Bäume mit ihren Oberflächenwurzeln ein dichtes Netz.

Aber auch ihre feinsten Haarwurzeln sind immer noch zu dick, um wirklich jeden Nährstoff einzufangen. So gehen die Bäume eine Partnerschaft mit kleinen Pilzen ein. Es sind aber keine Hutpilze, wie der Champignon, sondern unauffällige, meist unterirdisch wachsende Geflechte aus langen, hellen Fäden. Diese leben an speziellen Wurzeln des Baumes, die ganz entgegen der Gewohnheit von Wurzeln nicht nach unten, sondern nach oben wachsen. So gelangen sie am ehesten in Kontakt mit abgefallenen, toten Pflanzenteilen. Aus ihnen entnehmen die Pilze Nährstoffe, an die der Baum mit seinen wesentlich dickeren Wurzeln nicht herankommt. Pilz und Baum ziehen beide Nutzen aus dieser Partnerschaft, die man auch *Symbiose* oder *Mykorrhiza* nennt: Die Pilze liefern dem Baum Mineralsalze und Wasser, der Baum versorgt den Pilz mit Zucker und Aminosäuren, die dieser selbst nicht herstellen kann.

Das Geflecht aus Baum- und Pilzwurzeln arbeitet so wirkungsvoll, daß nahezu alle Nährstoffe aufgefangen werden. Das Wasser der Bäche, die den Wald verlassen, ist daher viel nährstoffärmer als Regenwasser und gleicht fast destilliertem Wasser. Ohne die von Pilz- und Baumwurzeln gebildete „Nährstoff-Falle" können die meisten Tropenbäume nicht überleben. Daher lassen sie sich auch oft nur sehr schwer züchten.

Eine Symbiose aus Kleinstpilzen und Baumwurzeln (Mykorrhiza) fungiert in den obersten Bodenschichten als sehr wirkungsvolle Falle für Nährstoffe.

Wie alt wird ein Regenwaldbaum?

Bäume in unseren Breiten zeigen ihr Alter ganz deutlich in den sogenannten Jahresringen. Betrachtet man die Baumscheibe eines gefällten Baumes, so erkennt man helle und dunkle Ringe. Im Frühjahr und Sommer sind die Lebensbedingungen gut, es gibt ausreichend Licht und Wärme. Der Baum belaubt sich und legt im Stamm relativ dicke Leitungsbahnen an. Im Herbst wird die Lage schlechter. Die jetzt gebildeten „Adern" haben nur noch einen kleinen Durchmesser, im Winter hört das Wachstum fast gänzlich auf. Diese unterschiedlich dicken Leitungsbahnen erkennt man als helle und dunkle Ringe im Querschnitt des Stammes. Mit etwas Erfahrung kann man auf diese Weise in unseren Breiten das Alter eines Baumes ganz genau feststellen.

Im Regenwald ist das Wetter immer gleich. Die Bäume legen deswegen keine Jahresringe an. Falls ihre Stämme doch Ringe zeigen, so sind diese auf Blüte- und Ruheperioden, Verletzungen oder einen plötzlichen Wechsel der zur Verfügung stehenden Lichtmenge (z. B. durch das Umfallen eines alten Baumes) zurückzuführen. Zur Altersbestimmung eignen sich diese Ringe also nicht, da sie aufgrund ganz anderer Begebenheiten als den Jahreszeiten gebildet werden.

Regenwaldbäume scheinen sehr alt zu werden. Genaue Zahlen lassen sich aber nur dann angeben, wenn man den Baum „persönlich" kennt und genau weiß, wann er auskeimte.

Bäume unserer Breiten zeigen ihr Alter in deutlich sichtbaren Jahresringen. Ein heller und dunkler Ring zusammen bedeuten ein Jahr.

Wie sehen die Blätter im tropischen Regenwald aus?

Die Blätter von Pflanzen sind hochwirksam arbeitende kleine chemische Fabriken. Sie bilden aus Licht, Wasser und dem Gas Kohlendioxid aus der Luft Zucker. Dieser ist der Grundbaustein des Pflanzenkörpers. Als Abfallprodukt dieses Vorgangs entsteht Sauerstoff, den alle Tiere und Menschen atmen. Nur Pflanzen können diesen „Photosynthese" genannten Prozeß durchführen. Sie sind damit die Basis allen Lebens.

Die Blätter ein und derselben Pflanze können sehr unterschiedlich geformt sein. Jungpflanzen, die im Schatten des Waldbodens leben, bilden wenige, sehr große, weiche Blätter aus, um in der Dämmerung doch den einen oder anderen Sonnenstrahl zu erhaschen. Oft sind sie gelb oder rötlich. Dies sind normalerweise die Farben abgestorbener Blätter, in unserem Klima also die „Herbstfarben". So signalisieren sie Tieren, die sie fressen wollen: „Vorsicht, ich bin ein altes, schlecht schmeckendes Blatt."

Schafft die Pflanze es, ins Kronendach vorzudringen, so bildet sie meist kleinere, harte Blätter mit einem glatten Rand. Diese sind gewöhnlich mit einer Wachsschicht versiegelt, die das Blatt vor dem Austrocknen schützt. Eine Abtropfspitze sorgt dafür, daß Regenwasser schnell von der Blattoberfläche abläuft, damit sich auf dem feuchten Blatt keine Algen ansiedeln. Wir kennen solche Blätter vom Gummibaum in unseren Wohnzimmern.

In den Baumkronen des Regenwaldes herrscht ein für Pflanzen sehr ungünstiges Klima. Es ist heiß, weil die Sonneneinstrahlung sehr stark ist. Die Blätter müssen viel Wasser verdunsten, damit sie abkühlen. Um der Sonne wenigstens etwas ausweichen zu können, haben einige Pflanzen „Gelenke" an den Blattstielen, mit denen sie ihre Blätter verstellen können. Bei voller Sonne wenden sie dem Licht die Schmal-

Viele Regenwaldpflanzen werden nicht von Insekten, sondern von Vögeln bestäubt. Die Schnäbel vieler Kolibriarten haben sich im Laufe der Evolution den Blütenformen angepaßt.

seiten der Blätter zu, damit sie sich nicht überhitzen und absterben. Wenn Wolken die Sonne verdunkeln, stellen sich die Blätter so, daß sie die größtmögliche Lichtmenge empfangen.

Wie werden die Blüten befruchtet?

Bunte Blüten sollen durch Farbe, Form, Duft und Nektar Tiere anlocken, die auf ihrem Weg von einer Blüte zur anderen die Bestäubung durchführen. Typische Bestäuber sind Insekten, aber auch Vögel oder Fledermäuse.

Die meisten Pflanzen ziehen nicht irgendwelche Bestäuber an, sondern ganz bestimmte. Ihre Blüten haben sich im Laufe der Entwicklungsgeschichte so verändert, daß sie genau dieser Tierart gefallen. Am Boden wachsen aufgrund des Dämmerlichts wenig Pflanzen. Ihre Blüten müssen sehr stark aus dem Dunkel des Waldes leuchten, damit sie überhaupt gesehen werden. Oft duften sie stark, um Tiere anzulocken.

Vor allem aber in den höheren Etagen ist es bunt. Selbst Bäume, die in unseren Breiten ja meist sehr unauffällig blühen,

Die auf Borneo und Sumatra heimische Rafflesia besitzt die größte Blüte der Welt. Sie verströmt einen unangenehmen Aasgeruch, um Fliegen als Bestäuber anzulocken.

Der Nektar dieser Orchidee berauscht Insekten derartig, daß sie betäubt auf das „untere" Blütenblatt fallen, um dort mit Pollen eingestäubt zu werden.

zeigen hier schöne Blüten. Mitunter werfen sie während der Blütezeit sogar alle Blätter ab, damit ihre Blüten besonders auffallen. Ihre Kronen leuchten weithin sichtbar aus dem grünen Blätterdach. Oft blühen die Bäume einer Art in einem Gebiet zur gleichen Zeit, was die Bestäubungschancen verbessert.

Orchideen haben eine ganze Reihe faszinierender Tricks entwickelt, um Tiere anzulocken: Einige erzeugen Nektar, der Bienen so berauscht, daß sie in das Innere der Blüte taumeln, wo sie unfreiwillig die Pflanze bestäuben. Andere liefern Bienenmännchen Duftstoffe, mit denen diese Weibchen anlocken können. Sie täuschen aber auch Form und Farbe der Paarungspartner vor, bieten Landeplattformen, wohlschmeckenden Nektar, sehr anziehend gefärbte Blüten und, wenn das alles nichts hilft, zuschnappende Fallen, die Pollen auf das Tier schleudern.

Wie verbreiten die Pflanzen ihre Samen?

Für Pflanzen ist es wichtig, daß ihre Samen möglichst weit von der Mutterpflanze entfernt auskeimen, damit sie für ihr Wachstum genügend Platz und Licht haben. Als Samenverbreiter benutzen die meisten Regenwaldpflanzen Tiere. Als Gegenleistung für den Dienst bieten sie schmackhafte Früchte an, in denen die Samen, die das Erbgut der Pflanze enthalten, verborgen sind. Um Tiere anzulocken, sind die Früchte oft leuchtend bunt gefärbt, damit sie im Dämmerlicht des Waldes auffallen. Sie schmecken aromatisch, süß oder saftig, und werden gern gefressen.
Je nach Form, Geschmack und Farbe werden bestimmte Tiere angelockt. So bevorzugen Affen orangerote, süße Früchte, Vögel lieben es kontrastreich, z. B. eine Frucht mit roter Schale, weißem Fleisch und schwarzen Samen. Viele Pflanzen locken Affen *und* Vögel an, so daß ein fruchttragender Baum zum Treffpunkt des halben Waldes wird. Früchte, die von bodenlebenden Tieren gefressen werden sollen, sind meist unscheinbar braun oder grün mit einem sehr harten, wider-

standsfähigem Kern. Eine dicke Samenschale verhindert, daß die Samen zerbissen oder von den Magensäften angegriffen werden. Ist sie allerdings zu dick, dann hat auch der Keimling Schwierigkeiten, sie beim Auskeimen zu durchbrechen. Ein schmaler Grat!

Lange nachdem das Tier den Baum verlassen hat, auf oder unter dem es gefressen hat, scheidet es die in den Früchten verborgenen Samen mit dem Kot wieder aus. So gelangen die Samen Hunderte von Metern von der Mutterpflanze entfernt, umgeben von Nährstoffen, wieder auf den Boden und keimen aus.

Mitunter sind Tier und Pflanze so stark aufeinander angewiesen, daß die Samen nur von einer einzigen Art verbreitet werden können. Wird diese ausgerottet, so ist auch die Pflanzenart zum Untergang verurteilt, weil sie sich ohne die Hilfe des Tieres nicht vermehren kann. Ein gutes Beispiel ist die Paranuß, die wir oft zur Weihnachtszeit auf den bunten Tellern finden. Ihre steinharten Schalen widerstehen nicht nur den meisten Nußknackern, sondern auch fast allen Tieren des Regenwaldes, bis auf die Agutis. Diese großen Nagetiere werden von dem Geräusch fallender Paranüsse magisch angezogen. Agutis fressen zwar viele der Früchte, vergraben

Wie alle Papageien zerstört auch der Hyazinthara Samen beim Fressen meist völlig. Als Käfigvogel gejagt, ist er in Freiheit fast völlig ausgestorben.

aber auch etliche als Vorrat, um in Hungerzeiten davon zu zehren. Viele versteckte Nüsse aber vergessen sie (wie unsere Eichhörnchen) und aus diesen keimen dann neue Bäume aus. Ohne Agutis können sich Paranußbäume nicht vermehren.

Die Samenverbreitung durch Tiere ist allerdings nicht ganz risikolos. Manche Tiere fressen nicht nur das Fruchtfleisch und scheiden die Samen dann unzerstört aus, sondern sie fressen auch die Samen und zerstören sie damit, so daß sie nicht mehr keimen können. Die bekanntesten Samenzerstörer sind Papageien, die mit ihrem großen Schnabel praktisch jede „Nuß knacken" können. Auch Antilopen und viele Nagetiere zerstören zumindest einen Teil der von ihnen gefressenen Samen. Aufgrund der großen Menge der gefressenen Früchte bleiben aber immer genügend keimfähige Samen zurück, so daß sich die Pflanze weiter verbreitet.

Manche Pflanzen benutzen keine Tiere für die Samenverbreitung. So stellen Orchideen staubfeine Samen her, die praktisch nur das Erbgut enthalten. Sie werden vom Wind über den Wald verweht und können so auf einen geeigneten Wirtsbaum gelangen. Viele Überständer, die den Wind über dem Wald zur Samenverbreitung ausnutzen, besitzen geflügelte Samen, die weit segeln können, ähnlich unserem Ahorn.

Das südamerikanische Aguti kann mit seinen Meißelzähnen steinharte Nüsse knacken.

Tiere des Regenwaldes

Wie ernähren sich die Tiere im Regenwald?

Der tropische Regenwald scheint Pflanzenfressern nahezu unbeschränkt Nahrung zu bieten, zumindest allen Tieren, die bis in die Baumkronen klettern können. Dieser Eindruck täuscht. Einerseits wissen sich viele Pflanzen durch Gift, Bitterstoffe oder Dornen sehr wirkungsvoll gegen das Gefressenwerden zu wehren. Andererseits stehen Bäume mit eßbaren Früchten weit auseinander und tragen nur in unregelmäßigen Abständen. So kann im Regenwald trotz des scheinbaren Überflusses für manche Tierarten Nahrungsmangel herrschen.

Im Laufe einer jahrhundertelangen Entwicklungsgeschichte haben sich die Tiere diesen Bedingungen angepaßt. Jede Art besetzt eine „ökologische Nische", das heißt, sie lebt an einem bestimmten Ort auf eine bestimmte Art und Weise, z. B. nur im Erdgeschoß, und frißt vielleicht nur eine bestimmte Art von Käfern. Diese aber jagt sie perfekt ohne Verschwendung von Zeit und Energie.

Keine andere Tierart nützt genau dieselbe Nische. Es gibt also wenig Konkurrenz. Diese so erfreuliche Situation hat aber einen Haken: Räuber und Beute sind im höchsten Maß aneinander angepaßt. Verschwindet diese eine Art von Käfern, so ist auch das Tier, welches sich von ihnen ernährt, zum Tode verurteilt, da es sich nicht einfach auf andere Nahrung umstellen kann. Diese Beziehungen zwischen Tieren und Tieren oder Tieren und Pflanzen können sehr, sehr kompliziert sein und sind bis heute nur wenig erforscht. Wird ein Tier oder eine Pflanze durch die Zerstörung des Regenwaldes ausgerottet, so ist mit ziemlicher Sicherheit davon auszugehen, daß andere Arten ebenfalls aussterben, die von ihm abhängig sind.

Viele Tiere des Regenwaldes sind in ihrer Ernährung stark auf die Bäume angewiesen, die von den Holzfirmen eingeschla-

Der Jaguar ist das größte Raubtier des südamerikanischen Regenwaldes. Er ist ein scheuer Einzelgänger, den man nur sehr selten zu Gesicht bekommt.

Die wasserliebenden Capybaras sind die größten Nagetiere der Welt. Sie sind eine bevorzugte Beute des Jaguars.

gen werden. Dies trifft z. B. auf den afrikanischen Makore-Baum zu, dessen Früchte ein begehrtes Futter für Waldelefanten sind. Untersuchungen in Afrika haben gezeigt, daß auch die Stummelaffen 45 Prozent ihrer Nahrung von kommerziell begehrten Bäumen beziehen. Werden diese Bäume abgeholzt, hungern die Tiere oder wandern in andere Gebiete ab. Nahrungskonkurrenz tritt aber nicht nur zwischen verschiedenen Arten, sondern auch innerhalb einer Art auf. Größere Tiere leben im Regenwald daher meist als Einzelgänger und treffen sich nur zur Paarung oder wenn sie Junge aufziehen. Falls sich kleine Familiengruppen bilden, wie z. B. bei den südamerikanischen Capybaras, so streifen diese in einem relativ großen Revier umher, das sie als ihre Heimat betrachten und gegen Artgenossen verteidigen.

Regenwald auf Sumatra: 1 Spitzhörnchen, 2 Koboldmaki, 3 Roter Langur, 4 Siamang, 5 Orang-Utan, 6 Schuppentier, 7 Malaienbär, 8 Bänderlinsang, 9 Nebelparder, 10 Sumatra-Tiger, 11 Schabrackentapir, 12 Sumatra-Nashorn, 13 Kleinkantschil, 14 Muntjak, 15 Malaienadler, 16 Argusfasan, 17 Bankivahuhn, 19 Neunfarbenpitta, 20 Elfenblauvogel, 21 Nektarvögel, 22 Bindenwaran, 23 Flugdrache, 24 Netzpython, 25 Flugfrosch, 26 Vogelfalter.

Feld räumlichen Sehens ◀

Die spitze Schnauze ermöglicht vielen baumlebenden Reptilien räumliches Sehen.

Wie haben sich die Tiere dem Leben im Regenwald angepaßt?

Im Regenwald herrschen für Tiere günstige Bedingungen: Die Temperatur ist stets angenehm, es gibt keine Kälte- oder Trockenzeiten, und es ist Nahrung vorhanden, wenn auch oft weit verteilt. Wärme ist besonders für Insekten und andere wirbellose Tiere von Vorteil. Ihr Stoffwechsel ist von der Außentemperatur abhängig. In den warmen Regenwäldern arbeitet er sehr schnell, so daß die Tiere beträchtliche Größen erreichen.
Gute Beispiele sind Tausendfüßler, Stabheuschrecken, Schmetterlinge, Goliathkäfer und Landschnecken.
Bei den Säugetieren gibt es wenige große Arten, die zudem auch noch weit verstreut leben. Bodenbewohnende Pflanzenfresser finden auf dem dämmrigen Boden einfach nicht genug Nahrung. Auch Raubtiere, die sich von ihnen ernähren, sind sehr selten. Alle Säugetiere bewegen sich vergleichsweise langsam. Der Grund hierfür ist, daß sie sich in der feucht-warmen Umgebung durch schnelle Bewegungen zu stark überhitzen würden. Sie können die entstandene Körperwärme wegen der hohen Außentemperatur und Luftfeuchtigkeit nur unzureichend abführen und stehen stets vor der Gefahr eines Hitzschlags. Große Geweihe oder Hörner haben Regenwaldtiere nicht, da sie im Wald nur hinderlich wären.

Fliegende oder kletternde Tiere haben es leichter, da sie in die nahrungsreichen Baumkronen vordringen können. So finden die geschickten Affen im Regenwald ihre größte Verbreitung.
Sie bewegen sich

Flugechse (SO-Asien)

Schmuckbaumnatter (SO-Asien)

auf den ihnen vertrauten Pfaden im Blätterdach und brauchen fast nie auf den Waldboden herabzusteigen. Einige südamerikanische Affen haben zusätzlich zu ihren fest zupackenden Händen und Füßen einen Greifschwanz entwickelt, den sie wie eine fünfte Hand benutzen. Er findet sich auch bei anderen kletternden Tierarten, wie dem südamerikanischen Baumstachler und dem Kleinen Ameisenbären (auch Tamandua genannt) als Anpassung an das Leben in den Bäumen.
Für alle im Blätterdach lebenden Tiere ist

ein gutes Sehvermögen sehr wichtig, damit sie die Entfernungen beim Springen zwischen den Zweigen gut abschätzen können. So sind die Augen der Affen (wie auch bei uns) nach vorne gerichtet, was günstig für das Entfernungsschätzen ist. Schlangen und Echsen, deren Augen an

Dornschwanzhörnchen (Afrika)

Mit Hilfe von zwischen den Gließmaßen ausgespannten Flughäuten können einige Regenwaldtiere „gleitfliegen". Sie schlagen aber nicht aktiv mit den Flügeln, wie Vögel oder Fledermäuse.

Riesengleiter (SO-Asien)

Flugfrosch (SO-Asien)

der Seite des Kopfes liegen, haben da größere Schwierigkeiten. Reptilien der Regenwälder haben oft spitze Schnauzen. Das Gesichtsfeld ihrer Augen überschneidet sich so vor dem Kopf und ermöglicht ihnen räumliches Sehen.

Auf dem Waldboden sind scharfe Augen nicht so wichtig, weil Unterholz und Dämmerlicht die Sicht behindern. Als Ersatz haben Bodentiere, wie das Okapi und die Duckerantilopen, große Ohren und ein sehr gutes Gehör.

Andere Tiere klettern nicht in den Baumkronen, sie fliegen. Über die Hälfte aller in den Regenwäldern lebenden Säugetiere sind Fledermäuse! Sie ernähren sich meist vom Saft der Früchte und verschlafen den Tag in hohlen Bäumen. Einige Tiere, die nicht über richtige Flügel verfügen, können mit Häuten, die zwischen Vorder- und Hinterbeinen gespannt sind, ein Stück segeln. So überqueren „fliegende" Eidechsen und Gleithörnchen die Luft zwischen Bäumen oder gleiten Verfolgern einfach nach unten davon.

Viele Vögel, die in den Baumwipfeln zwischen den Ästen herumfliegen, haben kurze, breite Flügel, die zum Manövrieren zwischen den Zweigen geeignet sind. Vögel, die Nektar aus Blüten saugen, wie Kolibris und Nektarvögel, besitzen schmale Flügel, mit denen sie so schnell und geschickt schlagen, daß sie in der Luft stehen und sogar rückwärts fliegen können wie Hubschrauber.

Im Regenwald ist ein weit ausladender Kopfschmuck nur hinderlich, er wird daher reduziert. Rechts der savannenbewohnende Kaffernbüffel, links der mit ihm nahe verwandte waldbewohnende Rot- oder Waldbüffel.

Warum bieten manche Bäume Ameisen Wohnungen?

Etliche Baumarten im Regenwald entwickeln für Ameisen hohle Zweige, in denen diese als Untermieter leben können. Die wehrhaften Insekten schützen den Baum vor Laubfressern aller Art. Auch Kletterpflanzen, die am Stamm hochranken möchten und andere Bäume, die neben ihm keimen und ihm später vielleicht Licht und Nährstoffe streitig machen könnten, werden von den Ameisen abgenagt. Fremde Blätter, die in die Krone des geschützten Baumes hineinwachsen, werden gekappt. Sogar abgestorbene Pflanzenteile, die auf den Wirtsbaum herunterfallen, werden entfernt, so daß er stets sauber ist. Als Gegenleistung für all diese Dienste erhalten die Ameisen eine sichere, trockene Wohnung. Solche Beziehungen zum gegenseitigen Nutzen treten im Regenwald häufig auf.

Aufgrund der hohen Luftfeuchtigkeit können im Regenwald Amphibien, wie dieser Rotaugen-Laubfrosch, sogar auf Bäumen leben.

Manche Pflanzen bieten Ameisen Unterschlupf. Als Gegenleistung für die Wohnung verteidigen die wehrhaften Insekten die Pflanze.

Warum können im Regenwald Frösche auf Bäumen leben?

Die hohe Luftfeuchtigkeit im Regenwald erlaubt es auch Arten, deren Haut keinen guten Verdunstungsschutz bietet, weitgehend unabhängig vom Wasser an Land zu leben. Gute Beispiele hierfür sind die bei uns nur im Wasser zu findenden Blutegel und Plattwürmer, aber auch viele Frösche und Kröten.

Es gibt viele Frösche im Regenwald, die meisten ähneln unseren Laubfröschen. Wie bei fast allen Amphibien leben ihre Jugendstadien (Kaulquappen) im Wasser oder zumindest im Feuchten. Auch wenn sie erwachsen sind, bleiben sie auf eine nasse Umgebung angewiesen, weil ihre Haut sie nur sehr unzureichend vor dem Austrocknen schützen kann.

Weil die Luft im Regenwald so feucht ist, können die oft leuchtend bunt gefärbten Frösche sogar in den Bäumen umherklettern. Pfützen, Tümpel oder Flüsse für die Aufzucht der Jungtiere aber sind Mangelware. Daher haben die Frösche viele Tricks entwickelt: Manche der winzig kleinen Pfeilgiftfroschweibchen tragen die in einer Bodenvertiefung geschlüpften Kaulquappen auf ihrem Rücken hoch in die

Ein Pfeilgiftfroschweibchen setzt Kaulquappen in einen wassergefüllten Bromelientrichter.

Manche Froscharten tragen die Eier nicht in speziellen Bruttaschen, sondern einfach auf dem Rücken.

Auch fertig ausgebildete Fröschchen werden von manchen Arten freigesetzt.

Bäume und setzen die Jungtiere dort in die wassergefüllten Trichter der Bromelien. Hier wachsen sie zu Fröschen heran, von ihrer Mutter mit Nahrung versorgt.
Andere Arten legen ihre Eier in Schaumnestern an niedrig hängenden Zweigen über Regenwaldflüssen ab. Die schlüpfenden Jungtiere fallen so direkt ins Wasser. Wieder andere Froscharten sind vom Wasser noch unabhängiger geworden: Sie legen ihre Eier einfach auf dem feuchten Boden ab. Die Jungtiere schlüpfen aber nicht als Kaulquappen, sondern als winzige, fertige Frösche aus. Sie machen ihre gesamte Entwicklung im Ei durch, umgeben von schützender, feuchter Gallertmasse.

Wie schaffen es die Tiere, im Regenwald nicht aufzufallen?

Im Kampf um das Überleben haben viele der Tiere des Regenwaldes eine tarnende Färbung oder Körperform angenommen, um nicht aufzufallen. Beutetiere versuchen unauffällig zu bleiben, Räuber tarnen sich, um ungesehen möglichst dicht an ihr Opfer heranzukommen.
Auf dem Waldboden gibt es ein ständiges Spiel von Licht und Schatten, verursacht durch die Bewegungen der Blätter im Kronendach. Die Flecken im Fell von Dschungelkatzen, wie Leopard und Jaguar, imitieren diese Lichtkringel. So sind diese Raubtiere recht unauffällig. Auch Streifen, wie bei Okapi, Bongo oder Zebraducker, lösen den Körperumriß scheinbar auf, die Tiere sind schlechter zu erkennen.
Sehr beliebt im Regenwald ist die Tarnung als Blatt, denn Blätter gibt es im Wald überall. Wenn sie sich nicht bewegen, fallen sie nicht auf. Daher sind viele Insekten und Frösche grün oder braun und blattförmig. Um noch weniger aufzufallen, bewegen sie sich sehr langsam. Andere, wie Stabheuschrecken, tarnen sich als Zweig.

Diese Schrecke aus dem Regenwald Ekuadors tarnt sich als trockenes, angeknabbertes Blatt. So kann sie vielleicht den Augen eines Freßfeindes entgehen.

Einige Regenwaldtiere, wie die Pfeilgiftfrösche, tragen schreiend bunte, sehr auffällige Farben, um damit anderen zu zeigen, daß sie ungenießbar sind. Oft wird ihre Körperzeichnung dann von völlig ungiftigen Tieren nachgeahmt, um damit Räuber abzuschrecken. Sehr gerne werden auch Ameisen imitiert, die so wehrhaft sind, daß sie selten gefressen werden. Die klassische Kombination von Schwarz und Gelb als Warnfarbe, wie bei unseren einheimischen Wespen, wird auch im Regenwald verstanden.

Warum aber sind manche Tiere so auffällig bunt?

Einige Heuschrecken und Schmetterlinge haben auf ihren Flügeln große augenähnliche Flecken. Wenn sie angegriffen werden, stellen sie die Flügel so, daß diese „Augen" sichtbar werden. Vielleicht glaubt der Feind dann, ein viel größeres Tier vor sich zu haben, und bricht seinen Angriff ab. Vielleicht aber weiß er auch nicht mehr, wo bei dem Falter vorne und hinten ist, und schnappt nach den Flügeln, nicht nach dem empfindlichen Körper des Schmetterlings.

Große Augenflecken, wie hier auf den Flügeln einer peruanischen Laubheuschrecke, erschrecken und verwirren Angreifer.

Die winzigen Baumsteiger- oder Pfeilgiftfrösche warnen mit ihrer bunten Färbung vor ihren mitunter tödlichen Hautgiften.

Die Tiere des Regenwaldes leben in einem ständigen Zwiespalt: Einerseits möchten sie sich ihren Partnern gegenüber bemerkbar machen, andererseits müssen sie sich vor Feinden verbergen. So verwenden sie optische Signale, wie leuchtende Körperfarben, Lichtsignale, Düfte oder Schallsignale, wie laute Rufe. Oft werden diese Signale sicherheitshalber nicht dauernd ausgesandt. Der Leuchtkäfer leuchtet nur ganz kurz auf, der Anolis-Leguan kann seinen bunten Kehlsack schnell zusammenfalten.

Wie finden sich Männchen und Weibchen im Dämmerlicht?

Vögel, die im Blätterdach leben, haben oft ein metallisch schimmerndes Gefieder, das die Sonnenstrahlen reflektiert. Sie sitzen gerne in der Sonne, so daß der Partner sie bewundern kann. Im Dämmerlicht unterhalb des Blätterdaches verlieren diese Farben ihre Wirkung. Der männliche Laubenvogel entfernt daher Blätter aus dem Kronendach, damit Sonne auf seinen Balzplatz am Boden fällt und so sein schillerndes Gefieder aufleuchtet.

Andere Tiere rufen oder singen, um Partner anzulocken. Bei Vögeln und Fröschen tun sich oft Männchen zusammen und singen gemeinsam. Dieser „Männerchor" kann mehr Weibchen anziehen, als es ein einzelnes Tier schaffen könnte, auch wenn es noch so schön singen würde.

Die Regenwälder der Welt

Was lebt in den Regenwäldern Madagaskars?

Die vor Afrika liegende Insel Madagaskar besitzt an ihrer Ostküste Regenwald mit nur hier vorkommenden Tieren und Pflanzen. Typisch sind die vielen Lemurenarten, eichhörnchen- bis katzengroße Halbaffen. Sie bewegen sich geschickt im Geäst der Bäume und ernähren sich von Pflanzen. Auffällige Lemuren sind die schwarz-weißen Indris, die winzigen Zwergmakis und die springenden Diademsifakas. Auch das seltsam aussehende nachtaktive Fingertier lebt im Regenwald Madagaskars. Mit seinen meißelförmigen Schneidezähnen zernagt es die Hülle von Früchten, wie Kokosnüssen, und löffelt dann das Fruchtfleisch mit seinem spindeldürren, sehr langen Mittelfinger heraus.
Noch viele andere merkwürdige Säugetiere, wie der stachlige, sich zusammenrollende Igeltanrek, finden sich nur hier. Chamäleons und ungiftige Schlangen sind weit verbreitet. Der unauffällig gefärbte Vasapapagei und der am Boden lebende Kurzbein-Seidenkuckuck sind auffällige Vertreter der Vogelwelt.

Regenwald auf Madagaskar: 1 Fingertier, 2 Sifaka, 3 Vari, 4 Indri, 5 Mausmaki, 6 Streifentanrek, 7 Fossa-Katze, 8 Vasapapagei, 9 Chamäleon.

Was lebt in den Regenwäldern Afrikas?

Der tropische Regenwald Afrikas konzentriert sich in zwei Gebieten: an der Südküste Westafrikas und im Stromgebiet des Zaire. Er ist nicht so artenreich wie die Regenwälder Asiens oder Südamerikas. Sehr auffällig sind die großen Menschenaffen, also Berg- und Flachlandgorillas, sowie die Schimpansen. Dazu kommen mehrere kleinere Affenarten, wie Meerkatzen, Mandrill und Guereza-Affen. Sie alle haben im Gegensatz zu vielen südamerikanischen Affen keinen Greifschwanz. Kleinformen von Tierarten der umliegen-

den Savannen, wie der Waldelefant, der Waldbüffel und das Bongo kommen hier vor. Scheue Antilopen wie Zebraducker, Buschböcke und das nur kaninchengroße Kleinstböckchen, das kleinste Huftier der Welt, huschen über den Waldboden. In sumpfigen Waldgebieten findet man Riesenwald- und Pinselohrschweine. Das erst 1900 entdeckte Okapi, auch Waldgiraffe genannt, lebt in den Regenwäldern von Zaire. Es frißt vorwiegend Blätter, die es mit seiner langen Greifzunge von den Ästen streift. In den Flüssen Westafrikas lebt das seltene Zwergflußpferd und das Afrikanische Manati, eine Seekuh.

Das größte Raubtier ist der Leopard, der aber kein reiner Regenwaldbewohner ist, sondern auch andere geeignete Lebensräume besiedelt. Mehrere Schleichkatzenarten stellen vor allem Vögeln nach. Koloniebildende Webervögel, Graupapageien und die bunten Turakos bevölkern die Wipfel. Über allem kreist der Kronenadler. Die bis zu 10 Meter lange Phytonschlange macht am Boden und in den Bäumen Jagd auf unvorsichtige Affen und andere Tiere. Die sehr giftige Gabunviper stellt einer großen Anzahl von Kleintieren, wie Riesenratten, Hörnchen und Mäusen nach. Perfekt getarnt, weil es seine Farbe der Umgebung anpassen kann, lauert das Chamäleon auf Insekten.

Afrikanischer Regenwald: 1 Potto, 2 Zwerggalago, 3 Monameerkatze, 4 Guereza, 5 Schimpanse, 6 Weißbauch-Schuppentier, 7 Dornschwanzhörnchen, 8 Leopard, 9 Baumschliefer, 10 Pinselohrschwein, 11 Hirschferkel, 12 Okapi, 13 Gelbrückenducker, 14 Kronenadler, 15 Kongopfau, 16 Graupapagei, 17 Riesenturako, 18 Trogon, 19 Palmhornvogel, 20 Pitta, 21 Nektarvögel, 22 Gabunviper, 23 Grünnatter, 24 Königspython, 25 Goliathkäfer.

Was lebt in den Regenwäldern Südamerikas?

In Südamerika liegt das größte zusammenhängende Regenwaldgebiet der Welt. Es findet sich fast ausschließlich am Amazonas und seinen Nebenflüssen. Ein Teil des Waldes wird alljährlich überschwemmt.

Wie in allen Regenwäldern spielt sich ein Großteil des Lebens in den Baumwipfeln ab. Hier turnen kleinere Affenarten aus den Familien der Kapuziner- und Krallenaffen geschickt umher. Viele von ihnen besitzen einen Greifschwanz. Langsamer sind die Faultiere, sie hängen fast bewegungslos in den Zweigen und steigen selten auf den Boden herab. Im Blätterdach wimmelt es von bunten Vögeln, wie Aras, Amazonen, Kolibris und Tukanen. Auch Leguane steigen bis in diese Höhe empor. Über allem schwebt ein riesiger Greifvogel, die Harpyie, stets bereit, auf unvorsichtige Affen, Schlangen oder Vögel herabzustoßen. Am Boden leben Ameisenbären und Flachlandtapire, die größten Säugetiere des südamerikanischen Regenwaldes. Familiengruppen von Pekaris und Capybaras, einem knapp schweinegroßen Nagetier, werden vom Jaguar gejagt. Kleinere, ausgezeichnet kletternde Katzen, wie der Ozelot und die Zwergtigerkatze, stellen Kleinsäugern und Vögeln bis hoch in die Baumkronen nach. Hier und am Boden jagen auch zahlreiche Giftschlangen. Das Gift einiger Korallen- und Lanzenottern kann auch Menschen töten. Würgeschlangen, wie die große Abgottschlange und die noch größere Anakonda, greifen Tiere bis zur Größe eines Capybaras an und erdrücken sie, bevor sie sie im Ganzen verschlingen. Einige Frösche sondern tödliche Schleime ab, die die Indianer zum Vergiften ihrer Pfeile verwenden. Wie fliegende Edelsteine segeln die blauschillernden Morphofalter durch den dämmrigen Wald.

Tafelbild der Regenwälder Südamerikas: Seite 4/5.
Tafelbild der Regenwälder Asiens: Seite 26/27.

Was lebt in den Regenwäldern Asiens?

Tropischer Regenwald wächst in einem schmalen Gürtel an der Westküste Indiens. Größere Stücke finden sich in Birma, Thailand, Vietnam, auf der malaiischen Halbinsel, sowie auf den Ostindischen Inseln und den Philippinen. Hier leben mehr Tier- und Pflanzenarten als in allen anderen Regenwaldgebieten. Das größte Raubtier ist der Tiger, der einst in mehreren Unterarten über das gesamte Gebiet verbreitet war. Kleiner ist die Marmorkatze, die als Baumbewohner Vögel und Hörnchen jagt. Im Regenwald leben aber auch Asiatische Elefanten, mehrere sehr seltene Nashornarten, der auffällig schwarz-weiß gestreifte Schabrackentapir, Wildschweine, Hirsche und Affen, wie z. B. Makaken, Languren, Gibbons und der Orang-Utan.

Über den Wipfeln jagen schnelle Flieger, wie der Indische Zwergfalk, nach Vögeln und Insekten. Im Blätterdach leben Fruchtfresser, wie die großen Hornvögel. Nektarvögel, die hier den Platz der Kolibris der Neuen Welt einnehmen, trinken Nektar aus Blüten. Zahlreiche Fasanenarten bevölkern den Boden, ebenso wie das Bankiva-Huhn, der Urahn unserer Haushühner. Hier leben auch Warane und kleinere Echsen, Schildkröten und viele Schlangen. Eine Besonderheit der asiatischen Regenwälder sind Echsen und Frösche, die "fliegen" können, wie z. B. der Flugdrache, der Faltengecko und der Baumfrosch. Auch eine Schlange, die Paradies-Schmuckbaumnatter, kann von Baum zu Baum gleitfliegen.

Was lebt in den Regenwäldern Australiens?

Regenwald wächst in Australien nur an der Küste Queenslands und auf der Insel Neuguinea. Wie überall in Australien leben auch in den Regenwäldern anstelle von gewöhnlichen Säugetieren überwiegend Beuteltiere. In den Zweigen klettern Baumkänguruhs und das großäugige Kuskus, ein geschickter Kletterbeutler. Der bis zu 1,5 Meter große Kasuar, ein flugunfähiger, wie behaart wirkender Vogel, geht durch das Unterholz. Die unscheinbaren Männchen der Laubenvögel schmücken ihre Tanzplätze mit farbigen Gegenständen, wie Federn und Beeren, aber auch mit Plastik und anderem Müll, um Weibchen anzulocken. Vor allem in den Regenwäldern Neuguineas leben die Paradiesvögel mit ihrem unglaublich farbenprächtigen Gefieder und die bunten Vogelfalter, die eine Flügelspannweite von bis zu 30 Zentimetern erreichen können.

Regenwald auf Neu-Guinea: 1 Langschnabeligel, 2 Tüpfelkuskus, 3 Baumkänguruh, 4 Urwalddingo, 5 Kasuar, 6 Krontaube, 7 Arakakadu, 8 Hüttengärtner, 9 Großer Paradiesvogel, 10 Blauer Paradiesvogel, 11 Grüner Baumpython.

Der Mensch und der Regenwald

Wie leben die Ureinwohner im tropischen Regenwald?

Wie für andere Säugetiere ist der tropische Regenwald auch für die Menschen kein optimaler Lebensraum, und trotzdem leben sie hier schon seit Tausenden von Jahren. Die hier wohnenden Stämme haben sich aus den verschiedensten Gründen aus klimatisch günstigeren Gebieten hierher zurückgezogen und sich dann im Laufe vieler Generationen dem Wald angepaßt. Heute schätzt man die Urbevölkerung des Regenwaldes auf weltweit rund 2 Millionen Menschen in etwa 1000 Stämmen. Es sind Waldvölker wie die Pygmäen Afrikas, die Indianer Südamerikas (mit den bekanntesten Stämmen Xingu in Brasilien, den Jivaros in Ecuador und den Yanomami an der Grenze zwischen Brasilien und Venezuela), die Volksstämme der Penan und Dayak auf Borneo und viele andere mehr. Einst waren sie zahlreicher, aber sie sind genauso wie die Pflanzen und Tiere ihres Lebensraumes zurückgedrängt und oft ausgerottet worden. Von den Weißen eingeschleppte Krankheiten, wie z. B. Masern und Pocken, gegen die Waldvölker keine Abwehrstoffe besaßen, haben ganze Stämme vernichtet. Allein in Brasilien ist seit der Jahrhundertwende jedes Jahr ein Stamm verschwunden.

Die Ureinwohner der Regenwaldgebiete – hier Frauen vom Stamm der Kayapo im südamerikanischen Regenwald – leben in Einklang mit dem Wald.

Alle Ureinwohner haben sich dem nur scheinbar paradiesischen Leben im Wald perfekt angepaßt. Sie leben in engster Gemeinschaft mit dem Regenwald, der ihnen alles liefert, was sie brauchen: Nahrung, Feuerholz, Baumaterial und Medikamente. Sie sind dem Wald dafür dankbar; ihn zu mißbrauchen oder zu zerstören, gilt als Verbrechen.

Die Stämme sind klein, weil der Wald nicht viele Menschen auf einem Fleck ernähren kann. Oft leben sie nomadisch, das heißt,

Die Hütten der Ureinwohner sind ein Spiegelbild des vorhandenen Baumaterials im Regenwald: Äste, Blätter und Lianen.

Pygmäen (Afrika)

Anka (S-Am.)

Indianer (S-Am.)

Die Waldgärten der Ureinwohner – hier Kayapofrauen aus Brasilien – sind klein und enthalten eine Vielzahl von Nutzpflanzen.

sie ziehen umher. Gern siedeln sie an Flüssen, die als Transportwege und Fischgründe genutzt werden. Im umliegenden Wald werden Früchte, Nüsse, Blätter, Pilze, Honig, Pflanzenfasern, Brenn- und Baumaterial gesammelt, und es wird gejagt. Da große Tiere im Regenwald selten sind, werden auch Kleintiere gegessen, die uns Europäern eklig erscheinen, z. B. Riesenschnecken, Schildkröten, Raupen und Käferlarven.

Oft sind die Ureinwohner gute Bauern.

Punan (Borneo)

Benz-Benz (Neuguinea)

Auch hier haben die Waldbewohner eine Methode entwickelt, die den Regenwald schont: ihre Ackerflächen sind klein. Auf ihnen wird eine Vielzahl von Pflanzen angebaut. Es wird nur das Unterholz abgeschlagen, große Bäume bleiben stehen und schützen die angebauten Pflanzen vor der sengenden Sonne. Ihre Wurzeln halten die Erde fest, so daß sie bei Wolkenbrüchen nicht fortgespült wird. Nach kurzer Zeit werden die Äcker aufgegeben und oft jahrzehntelang nicht mehr bebaut. Nach 20 bis 30 Jahren hat sich der Boden erholt, der Wald überwuchert die kleine Pflanzung. Dem Regenwald entsteht durch diese „Wanderfeldbau" genannte Nutzung kaum Schaden.

Wir könnten von den Ureinwohnern des Regenwaldes viel lernen. Während bei uns nur wenige Pflanzen genutzt werden, kennt und verwendet ein südamerikanischer Indianer etwa 250 Pflanzenarten für seine Ernährung. Medizinmänner heilen mit Pflanzen, die unserer Wissenschaft unbekannt, aber sehr wirkungsvoll sind.

In jeder Minute werden Regenwaldflächen in der Größe von 50 Fußballfeldern vernichtet.

Wer zerstört den tropischen Regenwald?

Wenn die Zerstörung in diesem Tempo weitergeht, wird der Wald im Jahr 2000 von der Erde verschwunden sein. Mit ihm sterben unvorstellbar viele Lebewesen: Man schätzt, daß jährlich 500 bis 1000 Tier- und Pflanzenarten allein in den Regenwäldern für immer ausgerottet werden. Die Gründe, warum die Menschen den Wald vernichten, sind vielfältig:

Brandrodung für Ackerbau/Viehzucht

Die Regenwaldstaaten sind Länder mit einem sehr hohen Bevölkerungszuwachs. Für immer mehr Menschen muß Nahrung und Wohnraum beschafft werden. Daher wird versucht, den Wald zu besiedeln. Diese Siedler fällen die Bäume, soweit ihnen das mit den wenigen Werkzeugen,

Dürre Zeburinder drängen sich auf einer Brandfläche in Brasilien. Schon nach wenigen Jahren wird dieser Boden unfruchtbar sein.

Riesige Regenwaldgebiete werden einfach abgebrannt. Der Rauch dieser Feuer ist sogar noch aus dem Weltall zu sehen.

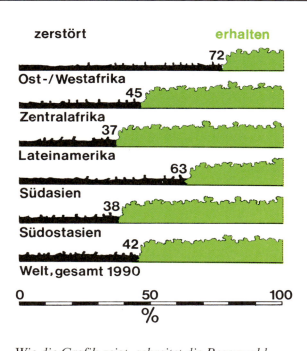

Wie die Grafik zeigt, schreitet die Regenwaldzerstörung unaufhaltsam weltweit voran.

über die sie verfügen, möglich ist, und verbrennen sie dann. Durch das Feuer werden die in den mächtigen Stämmen gebundenen Nährstoffe frei. Auf der fruchtbaren Asche werden Nutzpflanzen angebaut. Aber schon nach ein oder zwei Ernten ist der Boden erschöpft, die Nährstoffe sind verbraucht.

Wird der Wald abgeholzt, so wird der Nährstoffkreislauf zerstört. Die angebauten Pflanzen werden geerntet und abtransportiert, sie geben dem Boden also die Nährstoffe nicht zurück. Ohne den Schutz der großen schattenspendenden Bäume und ihrer Wurzeln, die die Erde festhalten, trocknet der Boden aus und wird fortgespült. Nach zwei Jahren ist das Land unfruchtbar, es kann keine Ernte mehr hervorbringen. Die Siedler müssen weiterziehen und ein anderes Stück Regenwald roden, das dann auch nach wenigen Jahren unwiderruflich zerstört ist. Zurück bleibt unfruchtbares Ödland, das der Wald nicht wieder zurückerobern kann. Nur wenn die gerodeten Flächen sehr klein sind, kann der Wald die Lücken wieder schließen, aber erst nach Hunderten von Jahren.

Gleich schlimm ist, daß die meist stark verschuldeten Regierungen der Regenwaldländer riesige Waldgebiete an ausländische Firmen verkaufen, um so an dringend benötigtes Geld heranzukommen. Vor allem in Südamerika haben kapitalkräftige Firmen große Regenwaldgebiete vernichtet, um darauf Plantagen und Rinderfarmen anzulegen. Auf den Plantagen werden Bananen, Ananas, Ölpalmen, Soja und andere Früchte angebaut. Die Rinderfarmen müssen besonders groß angelegt werden, weil jedes Tier viel Weidefläche braucht, um satt zu werden. Fast alle auf den ehemaligen Waldflächen erzeugten Produkte werden in die Industrienationen exportiert, in denen ohnehin Nahrung im Überfluß vorhanden ist. Der Erlös aus all diesen Verkäufen bringt Devisen, mit denen die Regenwaldländer aber meist gerade nur ihre Schulden an die Industriestaaten zurückzahlen können.

Suche nach Bodenschätzen

Die sogenannte „Erschließung" brachte viele Menschen in den Regenwald. Sie alle versprachen sich von seinen scheinbar unermeßlichen Schätzen Reichtum und ein besseres Leben. Fast alle wurden jedoch enttäuscht.

Meist kommen zuerst Goldgräber. Sie versuchen, mit flachen Pfannen Goldstaub aus den Flüssen zu waschen. Bald werden tiefe Gruben angelegt, um mehr Gold zu finden. Um es von wertlosen Bestandteilen zu trennen, wird es mit Hilfe von Quecksilber gereinigt. Dies flüssige Metall ist hochgiftig. Es schädigt nicht nur die Gesundheit der Goldsucher, sondern gelangt über das Waschwasser in die Flüsse und vergiftet so riesige Landstriche.

Goldsucher dringen auch in geschützte, unzerstörte Waldgebiete vor. Unter erbärmlichen Bedingungen suchen sie nach Goldkörnchen.

Viele Ureinwohner wehren sich – wie hier Kayapo-Indianer auf einer Demonstration – gegen die Zerstörung ihrer Waldheimat.

Zur Gewinnung von Bodenschätzen im großen Stil haben die Regierungen mehrerer Regenwaldstaaten zur Zeit einige Projekte in Angriff genommen, die zur Zerstörung riesiger Waldgebiete führen werden. Zur Energieversorgung der Industrie, die die Bodenschätze verarbeiten soll, sind riesige Staudämme geplant. Der Wald, der hier überflutet oder abgeholzt wird, ist die Heimat mehrerer Indianerstämme, die sich mit dem Slogan „Ihr habt die Welt, laßt uns den Wald" verzweifelt gegen die Zerstörung ihrer Heimat wehren.

Holzeinschlag

Tropische Hölzer wie Mahagoni, Teak und Ebenholz sind schon seit Jahrhunderten sehr gefragt und werden auf dem Weltmarkt teuer bezahlt. Bis zur Erfindung der Kettensäge war es sehr schwer, einen tropischen Baum zu fällen. Selbst gute Äxte kamen gegen die extrem harten Stämme nicht an. Aber man scheute keine Mühen, um an das schöne Holz zu gelangen. Es zeigt sehr lebhafte Farben und eine interessante Maserung. Außerdem eignet es sich sehr für Bauten, da es aufgrund seiner natürlichen Öle Insektenfraß und Verwitterung weitgehend trotzt.

Meist wird nicht ein ganzes Waldstück eingeschlagen, sondern nur einige kostbare Bäume aus dem Bestand herausgeholt. Warum kann der Regenwald diese winzigen Lücken nicht verkraften? Eigentlich wäre der Einschlag von nur wenigen, teuren Bäumen unter Schonung aller anderen doch eine gute Nutzungsmethode! Leider ist das nicht so einfach. Um die gefällten Stämme abzutransportieren, müssen Straßen in den bis dahin unberührten Wald gebaut werden. Lastwagen bringen den Stamm in oft tagelanger Fahrt zum Sägewerk oder zum Hafen am Meer. Beim Fällen und beim Abtransport auch nur eines gewinnbringenden Baumes werden bis zu 75 Prozent des umgebenden Waldes mitzerstört. Auf den Wegen, die

In oft tagelanger Fahrt auf unbefestigten Straßen bringen Lastwagen die riesigen Stämme zum Sägewerk oder Verladehafen.

Die drei Stufen der Regenwaldzerstörung

1. Erschließung

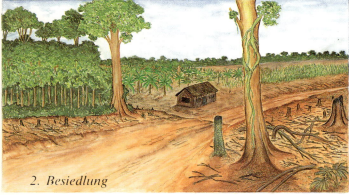
2. Besiedlung

3. Zerstörung

die Raupenschlepper schaffen, folgen dann Siedler, die den Wald weiter zerstören, indem sie rechts und links der Straße Ackerflächen anlegen und sich Häuser bauen. Um ihren Fleischbedarf zu decken, jagen sie die Tiere des Waldes. Die Holzfirma zieht weiter, da sie in diesem Gebiet alle für sie interessanten Hölzer eingeschlagen hat und zerstört mit neuen Erschließungsstraßen andere, bis dahin unberührte Teile des Waldes. Nach zwei oder drei Ernten ist der Boden ausgelaugt. Das Land wird zur Wüste.

Da die Stämme meist nicht in den Erzeugerländern, sondern in den Industrieländern verarbeitet werden, finden in den Regenwaldstaaten durch den Holzeinschlag nur wenig Menschen Arbeit. 53 Prozent des Holzes gehen nach Japan, 32 Prozent nach Europa und 15 Prozent in die USA. Tropenholz ist oft erheblich billiger als einheimisches und von sehr guter Qualität. In den Industrieländern entstehen daraus Treppen, Türen, Fensterrahmen, Fußböden, Möbel, Zaunpfähle, Särge, Frühstücksbrettchen, sogar Toilettensitze.

Vor allem japanische Firmen roden große Regenwaldgebiete und häckseln das Holz zur Herstellung von Papier. Auch Einweg-Eßstäbchen und Transportkisten für Maschinen aus tropischem Holz gehören zu den besonders unsinnigen Produkten.

Nutzen und Zerstörung des tropischen Regenwaldes

Der Nutzen, den wir aus den Regenwäldern ziehen, entsteht meist ganz einfach dadurch, daß sie existieren. Sie spielen eine wichtige Rolle für das Klima nicht nur ihrer Heimatländer, sondern der ganzen Welt. In ihnen leben Tiere und Pflanzen von großem, bis heute unbekanntem Wert.

Warum wird der Regenwald als „Apotheke" bezeichnet?

Über 40 Prozent der heute verschriebenen Medikamente enthalten pflanzliche Wirkstoffe, meistens aus tropischen Arten. Aber nur 1 Prozent der Regenwaldpflanzen sind überhaupt jemals auf ihre medizinische Wirkung getestet worden. Die Heilwirkung vieler Pflanzen wurde zufällig für die westliche Zivilisation entdeckt, als Wissenschaftler mit den Heilkundigen der Ureinwohner sprachen. Das Rosige Immergrün, das in Afrika und auf Madagaskar wächst, wird seit langem von den Waldvölkern genutzt. Als man es 1960 testete, stellte man fest, daß es einen hochwirksamen Wirkstoff gegen Blutkrebs enthält. Dank dieses Wirkstoffes überleben heute 4 von 5 Kindern diese gefährliche Krankheit. Chinin, ein wichtiges Medikament gegen Malaria, wird aus der Rinde des südamerikanischen Fieberrindenbaums gewonnen. Curare, das die Indianer seit Generationen als Pfeilgift verwenden, dient der Muskelentspannung bei Operationen.

Warum nennt man den Regenwald „genetische Bibliothek"?

Gene sind die Strukturen im Körper, in denen die Erbinformationen gespeichert sind. Sie enthalten die Baupläne des Körpers, Grundanweisungen für Stoffwechsel, Wachstum und vieles mehr. Die unvorstellbar vielen Lebewesen in den tropischen Regenwäldern enthalten alle verschiedene Gene. Werden Tier- und Pflanzenarten ausgerottet, so geht die in ihnen gespeicherte Erbinformation für immer verloren. Sie kann nie wieder in genau gleicher Form entstehen. Es ist, als ob eine Bibliothek abbrennt, deren Bücher nur hier und an keiner anderen Stelle der Welt gelagert sind.

Wenn man sich überlegt, wie viele Nutz- und Heilpflanzen sowie Tiere mit bis heute unbekannten, aber möglicherweise wichtigen Eigenschaften oder Verhaltensweisen an jedem Tag verlorengehen, kann einem angst und bange werden. Darüber hinaus: Verdiente nicht auch einfach die Schönheit des Regenwaldes mit all seinen Pflanzen und Tieren für nachfolgende Generationen erhalten zu werden?!

Viele unserer Nutzpflanzen, wie z. B. Kakao, Banane, Vanille, Zimt, Pfeffer, Ölpalme, Avocado und der Kautschukbaum, haben ihren Ursprung in Wildpflanzen der Regenwälder. Ihre Urformen leben

Das Rosige Immergrün ist eine der nur etwa 5000 höheren Pflanzen, die auf ihre medizinische Wirksamkeit hin getestet wurden.

auch heute noch dort. Wenn eine Krankheit oder ein Schädling eine dieser Kulturpflanzen befällt, die dagegen keine Abwehrkräfte besitzt, ist es unbedingt wichtig, die Urpflanze zu haben. Indem man sie in unsere hochgezüchteten Pflanzen einkreuzt, kann man Formen züchten, die bestimmten Schädlingen, Krankheiten oder Umwelteinflüssen gegenüber widerstandsfähig sind. Darüber hinaus können sich im Regenwald noch sehr viele unentdeckte Kulturpflanzen der Zukunft befinden, von denen wir heute noch gar nichts ahnen.

Bei einer weiteren Vernichtung der Regenwälder wird sich das Weltklima ändern. Viele Wüsten werden sich ausweiten.

Banane (links) und Kakao (rechts) sind nur Beispiele für die zahlreichen Nutzpflanzen, deren Urheimat der Regenwald ist.

Wie beeinflußt der Regenwald das Klima?

Wälder saugen Regenwasser wie ein Schwamm auf und geben es nur langsam wieder an die Flüsse und die Luft ab. Dadurch schützen sie den Boden davor, fortgespült und ausgetrocknet zu werden. Was passiert, wenn der Wald vernichtet wird, zeigte sich in den letzten Jahren auf Madagaskar. Seitdem der Regenwald in weiten Teilen der Insel nicht mehr existiert, wird der Boden von den Hängen in die Täler gespült. Hier liegen die Reisfelder, die dadurch total verschlammen. Madagaskar, das früher Reis ausführen konnte, muß heute als direkte Folge der Zerstörung seiner Wälder Reis im Ausland kaufen.

Aber nicht nur in den Regenwaldländern wird es zu Schäden kommen. Durch die Zerstörung der tropischen Regenwälder wird sich das Klima auf der ganzen Erde verändern.

Die starke Hitze in den Tropen zwingt die Pflanzen dazu, durch die Verdunstung von Wasser ihre Blätter zu kühlen. So bringen sie sehr viel Wasserdampf in die Luft. Rund 75 Prozent der Niederschläge, die auf den Wald fallen, werden wieder verdunstet. Der Wald macht sich einen großen Teil des Regens, den er zum Überleben benötigt, also selbst. Nur ein Viertel der Niederschläge werden über Flüsse dem Meer zugeführt. Ein Teil des Wasserdampfes aber wird als Wolken über große Strecken transportiert und regnet sich irgendwo anders wieder ab. Daher spielen die Regenwälder eine wichtige Rolle für den gesamten Wasserkreislauf der Erde. Werden die Wälder gerodet, so sind auch keine Blätter mehr da, die Wasserdampf abgeben könnten. Es gelangt viel weniger Feuchtigkeit in die Erdatmosphäre. Dürren und Unwetter werden die Folge sein.

Was ist der „Treibhauseffekt"?

Allein in Brasilien verbrannte im Jahre 1988 eine Waldfläche von der Größe der alten Bundesrepublik Deutschland. Der Regenwald ist einer der großen Kohlendioxidspeicher der Erde. Mit Hilfe des Sonnenlichts wird Kohlendioxid aus der Luft in den Pflanzen gebunden und als „Abfall" Sauerstoff erzeugt. Werden die Regenwälder verbrannt, so gelangt das in den Pflanzen gespeicherte Kohlendioxid wieder in die Luft. Kohlendioxid ist ein farb- und geruchloses Gas, das natürlich vorkommt und von jedem Tier, also auch uns, ausgeatmet wird. Es ist eigentlich ungefährlich. Ist aber in der Erdatmosphäre viel Kohlendioxid, so kommt es zum sogenannten „Treibhauseffekt".

Man kann sich den „Treibhauseffekt" durch ein Beispiel veranschaulichen. Wenn an einem kalten Wintertag die Sonne durch große Glasfenster scheint, wird es auch ohne Heizung hinter der Scheibe mollig warm. Der Grund für diese Erwärmung ist, daß die Glasfenster das Sonnenlicht zwar herein-, die im Zimmer entstandene Wärmestrahlung aber nicht wieder hinauslassen. Diese Tatsache ist

Wenn sich die Erdatmosphäre erwärmt, werden die Polkappen abschmelzen. Ein Anstieg des Meeresspiegels wäre die Folge.

altbekannt und wird beim Bau von Treibhäusern seit langem benutzt.

Die Sonne beleuchtet und erwärmt die Erde. Diese gibt Wärmestrahlung an das Weltall zurück. Bestimmte Gase, unter anderem Kohlendioxid, absorbieren Wärmestrahlen und halten sie so in der Erdatmosphäre, wie es die Glasfenster eines Treibhauses tun würden. Die Temperatur der Erde steigt mehr, als es unter normalen Umständen der Fall wäre. Heute noch durch die Landwirtschaft genutzte Gebiete werden heiße, trockene Wüsten, kalte Gebiete werden sich erwärmen. Die Polargebiete der Erde werden abschmelzen.

Da Kohlendioxid bei jeder Verbrennung entsteht, sind auch die Industrienationen am „Treibhauseffekt" mitschuldig. Wenn Benzin verbrannt wird, um Autos fahren zu lassen, oder Öl und Kohle, um Wohnungen zu heizen oder Industrieanlagen zu betreiben, entsteht Kohlendioxid. Man schätzt, daß etwa ein Drittel des „zuviel" freigesetzten Kohlendioxids durch die Verbrennung der Regenwälder entsteht, der Rest durch Industrie, Privathaushalte und Autos. Auch hier muß dringend etwas geschehen, damit sich das Klima auf der Erde nicht in kürzester Zeit dramatisch ändert.

Treibhauseffekt: abgestrahlte Wärme wird vom Kohlendioxid in der Atmosphäre absorbiert.

Wärme wird ins Weltall abgestrahlt

Der „Treibhauseffekt" führt zu einer Erwärmung der Erdatmosphäre.

Kann man zerstörten Regenwald wieder neu schaffen?

Regenwälder sind sehr komplizierte Systeme. Schon die Zerstörung kleiner Flächen kann schwerwiegende Folgen haben. Selbst die im Wanderfeldbau genutzten winzigen Felder brauchen Hunderte von Jahren, bis sie dem unberührten Wald wieder gleichen. Große Flächen können nur aufgeforstet, das heißt, mit kleinen Regenwaldbäumen bepflanzt werden. Es ist aber heute noch nicht möglich, auch nur annähernd die Mischung von Bäumen zu pflanzen, die ursprünglich in einem Regenwald standen. Entweder wissen wir nicht, wie diese Bäume zu züchten sind, oder sie brauchen, um groß zu werden, als Schutz das Kronendach alter, großer Bäume. In einem geschlossenen, intakten Regenwald schaffen sich die Pflanzen ein eigenes Klima. Ohne dieses wachsen sie nicht.

Nach dem heutigen Stand der Wissenschaft besteht noch eine weitere Gefahr. Durch die Verdunstung über die Blätter sorgt der Regenwald selbst für die Niederschläge, die er braucht. Zu kleine Waldinseln in einem abgeholzten Gebiet schaffen es aber nicht mehr, durch Verdunstung genügend Wasserdampf in die Luft zu bringen, damit sich Wolken bilden, die sich über dem Wald abregnen. Die täglichen Gewitter bleiben aus. Der Regenwald ist kein „Regen"wald mehr. Auch eine Neuanpflanzung kann daran nichts mehr ändern, ganz einfach, weil nicht mehr das Klima da ist, welches die Voraussetzung für das Entstehen des Waldes war.

Nach wissenschaftlichen Berechnungen wird der Regenwald aufhören zu existieren, wenn etwa die Hälfte seiner Fläche abgeholzt worden ist. Die hausgemachten Niederschläge werden nicht mehr ausreichen, um den Wald überleben zu lassen. Es ist schwer vorauszusehen, welche Auswirkungen das auf das Weltklima haben wird. Auf keinen Fall werden sie erfreulich

Der Regenwald macht sich seine Niederschläge selbst. Durch starke Verdunstung bilden sich über dem Wald riesige Wolkentürme.

sein. Wenn dieser Punkt erst einmal erreicht ist, wird man auch mit sehr großer Mühe keine Regenwälder mehr pflanzen können, ganz einfach, weil sich das Klima in den dann ehemaligen Regenwaldgebieten so verändert hat, daß dort kein Regenwald mehr vorkommen kann.

Regenwälder sind keine einfachen Ansammlungen von Pflanzen und Tieren, sondern beinahe Lebewesen. Durch das Zusammenwirken vieler belebter und unbelebter Faktoren entsteht der Regenwald, der sich, einmal entstanden, selbst eine Umgebung schafft, in der er gut fortbestehen kann. Man kann den Regenwald aber nicht in beliebig kleine, immer noch funktionstüchtige Stücke zerlegen, genauso, wie man einen Körper nicht zerteilen kann. Es ist daher unbedingt wichtig, riesige Waldgebiete als Ganzes zu erhalten.

Kann der Mensch den tropischen Regenwald nutzen?

Der tropische Regenwald ist durch nichts zu ersetzen. Auf gerodeten Flächen ist keine vernünftige Nutzung möglich. Die Erträge, die einem gerodeten Waldstück abgerungen werden, reichen nur wenige Jahre. Zurück bleibt früher oder später verwüstetes Land. Die heute noch bestehenden unberührten tropischen

Regenwälder sollten daher am besten überhaupt nicht genutzt werden. Die heute bereits erschlossenen Gebiete und Brachen könnten genügend Erträge abwerfen, wenn sie vorsichtig und planvoll bewirtschaftet würden. Hier wären einerseits Forste aus einheimischen Hölzern denkbar, andererseits Felder, auf denen Bäume und Feldfrüchte zusammen wachsen, ähnlich den traditionellen Anbaumethoden der Ureinwohner. Eine mögliche Nutzung wäre eventuell das Sammeln. Schon seit langem werden Baumharze, Kautschuk, Para- und Kola-Nüsse im geschlossenen Wald geerntet. Dies schadet nicht. Auch Riesenschnecken sind hochgeschätzt, die in afrikanischen Regenwäldern von Einheimischen gesammelt und bis in die Großstädte verkauft werden.

Vorsichtiger Tourismus könnte für viele Regenwaldstaaten eine Hoffnung sein. Richtig durchgeführt, richtet er keinen Schaden an und bringt zahlreiche Arbeitsplätze. In den Regenwäldern Ruandas und Zaires können Touristen in Schutzgebieten unter der Führung Einheimischer die großen schwarzen Berggorillas in ihrem natürlichen Lebensraum beobachten.

Wie können wir den tropischen Regenwald retten?

Produkte aus den harten, schön gefärbten Edelhölzern der Tropen waren schon immer gefragt. Jedes Jahr werden Tausende von Quadratkilometern Regenwald nur zerstört, weil Industrienationen Tropenholz verarbeiten. Daher sollte man Produkte aus diesen Hölzern nicht mehr kaufen. Es gibt genügend einheimische Baumarten, die ihren Platz einnehmen können. Die Wälder Europas liefern so viel Holz, daß die Forstindustrie schon oft darüber geklagt hat, daß sie es kaum noch verkaufen kann.

Vereinzelt werden Tropenhölzer angeboten, die in Plantagen (z. B. Teak aus Südindien und Malaysia) angebaut werden. Diese können gekauft werden, aber nur dann, wenn man sicher ist, daß die Behauptung des Verkäufers stimmt. Aber man sollte bedenken: 99 Prozent des angebotenen Tropenholzes stammen aus Raubbau, nur 1 Prozent aus naturverträglicher Nutzung.

Weltweit bemühen sich zahlreiche große und kleine Naturschutzorganisationen um die Rettung des tropischen Regenwaldes.

Wie hier in Malaysia können in einigen Regenwaldgebieten Touristen auf Hängebrücken das Blätterdach erkunden.

Von Deutschland aus sind z. B. der World Wide Fund for Nature (WWF), das Regenwälder Zentrum in Hamburg und der Verein „Kinder-Regenwald-Deutschland e.V." aktiv.

Der WWF ist die größte private Naturschutzorganisation der Welt. Er versucht in Zusammenarbeit mit den Regierungen und der einheimischen Bevölkerung zur Zeit in 45 Ländern in 135 Projekten Regenwald zu schützen. So wurde z. B. in Kolumbien in Zusammenarbeit mit der Künstlervereinigung „Artists United for Nature" das Projekt „El Dorado" gestartet, dem ein Teil der Erlöse aus diesem Buch zufließt. Am

Traurig betrachten diese Kinder in Malaysia verbrannten Regenwald. Wenn die Zerstörung im jetzigen Tempo weitergeht, wird es keinen mehr geben, wenn sie erwachsen sind.

Rio Magdalena in Kolumbien soll ein großes Regenwaldgebiet mit den angrenzenden Sumpf- und Wasserflächen gekauft und unter Schutz gestellt werden. Von einer Station aus wird der Wald erforscht und betreut, bereits geschädigte Teile des Gebietes werden wiederhergestellt. Die Bevölkerung wird angeregt, die traditionellen Formen der Landnutzung wiederaufzunehmen, wie z. B. Fischerei, Weidenutzung am Flußufer, Holzsammeln und Jagd. Diese schädigen den Wald weit weniger als der aus den Industriestaaten eingeführte stark mechanisierte Anbau auf großen Flächen. Man hofft, daß das Projekt „El Dorado" andere Staaten zu ähnlichen Aktionen zur Rettung ihrer Regenwälder anregt.

Eine andere Möglichkeit ist, die Regierungen der Industriestaaten dazu zu bewegen, den Entwicklungsländern ihre meist hohen Schulden zu erlassen. Dafür müssen diese sich verpflichten, eine weitere Zerstörung ihrer Regenwaldgebiete nicht zuzulassen. Schließlich ist es im Interesse der ganzen Welt, intakte Regenwälder zu haben. Daher ist es nur gerecht, die Staaten, auf deren Boden sich Regenwälder befinden, dafür zu entschädigen, daß sie diese Gebiete unberührt lassen.

Einen anderen Weg geht der Verein „Kinder-Regenwald-Deutschland". Schwedische Schüler hörten im Unterricht von der Zerstörung der Regenwälder und beschlossen, sofort zu handeln. Sie legten ihr Taschengeld zusammen und kauften ein Waldstück in Costa Rica, das von nun an weder abgeholzt noch von Bauern genutzt werden darf. Mittlerweile haben Kinder aus ganz Europa, auch in der Bundesrepublik, 25 000 Hektar Regenwald gekauft. Ein Hektar, das ist etwa die Fläche eines Fußballfeldes, kostet um 200 Mark. Jedes Kind erhält eine Aktie mit seinem Namen und der Anzahl der freigekauften Quadratmeter Regenwald.

Nach neuesten Meldungen hat die Regierung des größten Regenwaldstaates, nämlich Brasilien, die Brandrodungen fast völlig gestoppt. Auch in anderen Ländern denken Menschen langsam um. Wenn wir alle zusammenstehen, könnte es möglich sein, die Regenwälder der Erde zu unser aller Nutzen doch noch 5 Minuten vor 12 Uhr vor dem Untergang zu bewahren.

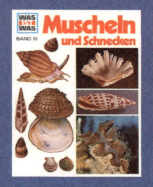
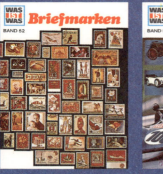

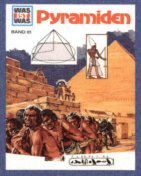

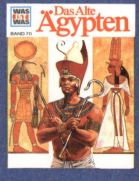

Die Reihe wird fortgesetzt.